皇后になるということ

美子と明治と教育と

榊原千鶴
Chizuru Sakakibara

三弥井書店

目次

はじめに

二〇一九年、天皇の代替わりにともない、天皇、皇后への関心は、いつにもまして高まりを見せました。皇位継承にまつわる歴代天皇の存在、退位と即位に関わる儀式の内容や由来など、多くの報道がなされています。

天皇の役割に関する解説の多くが、一九四五年の敗戦を画期とするのに対して、皇后に関しては、被災地などへの慰問といった社会福祉的活動を取り上げ、たとえば赤十字への貢献は明治の皇后美子《はるこ》に始まる等の説明を加えるなど、近代以降の皇后に連続性を認める傾向が見られます。

天皇とは異なり、皇后には、その政治的位置づけや役割を明記したものはありません。彼女たちは、天皇の妻となることで結果的に皇后となり、それぞれに自らの皇后像を模索していくことになります。皇后とはどのような存在か。皇后は何をなすべきか。皇后としてのありかたを問い続け、試行錯誤を繰り返していく。そうした過程で、歴代皇后の事蹟は、ふまえるべき先例となります。なかでも、近代の皇后像を新たに創り上げた美子の存在は重要であり、現代の皇后像を考えるうえでも、決して遠い過去のものではありません。

折しも昨年は、「明治改元」から一五〇年にあたり、日本の近代化の意味や価値が改めて問われた年でもありました。政府が進めた「明治一五〇年」関連施策では、「機会の平等、チャレンジ精神、和魂洋才」などを「明治の精神」の例に上げ、「主な取組」の「基本的な考え方」のひとつに、「明治の精神に学び、更に飛躍する国へ」を掲げています。（「明治一五〇年」首相官邸ポータルサイト「主な取組」）

そこで本書では、美子が創造した「皇后」としてのありかたを考えることで、とかくイメージで語られがちな「明治の精神」の内実も問うてみようと思います。

国家権力の最も近くにあった女性として、国民、とくに女性の教育においても先導的な役割を果たした美子に、「明治の精神」の一端を伺うことができるのではないか。少なくとも美子は、皇后の重要な役割のひとつに、教育の振興を見ていたことはたしかです。「教育」を手がかりとすることで、美子が体現した「皇后」像に迫ってみようと思うのです。

たとえば美子は、維新から間もない一八七一年（明治四）一一月、津田梅子ら日本初の女子留学生と面談し、彼女たちに次の沙汰書を与えています。

其方女子にして洋学修行之志、誠に神妙の事に候。追々女学御取建の儀に候へば、成業帰朝の上は、婦女の模範とも相成候様心掛、日夜勉励可致《いたすべき》事。

（『昭憲皇太后実録』明治四年一一月九日条）

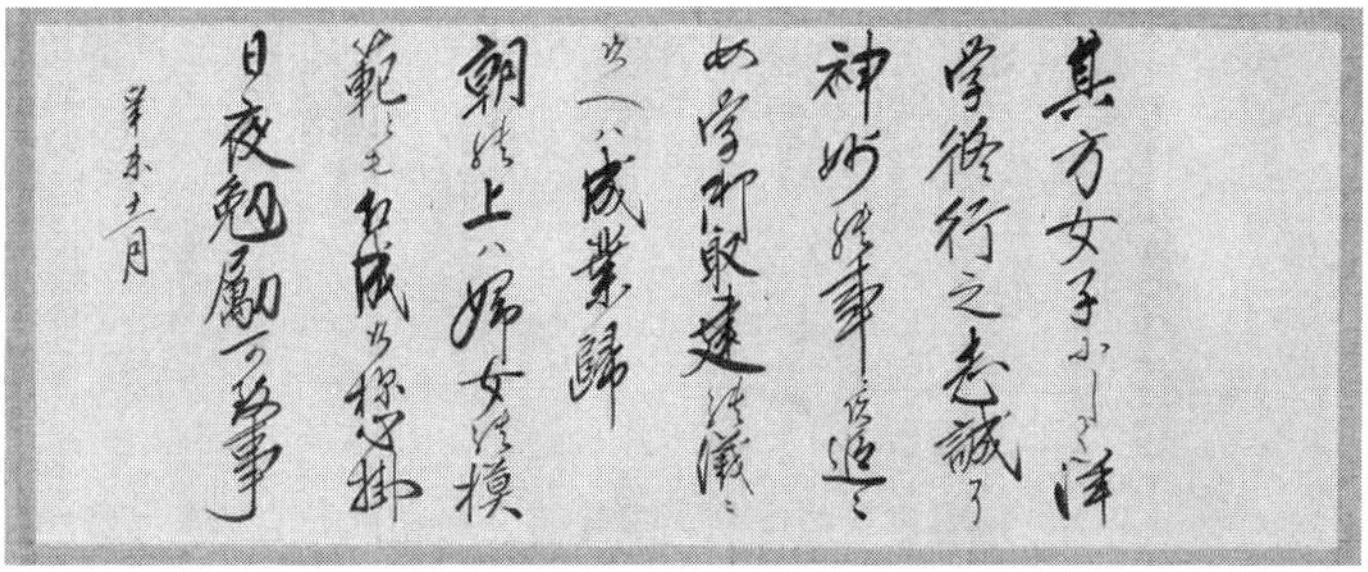

皇后沙汰書（津田塾大学津田梅子資料室蔵）

あなたたちが、女性でありながら、西洋の学問を学ぼうとの志を抱いたことは、実に殊勝なことです。わが国でも、徐々に女性が修めるべき学問は整えていくこととなっているので、あなたたちも、学業を成し遂げて帰国した後には、女性が見習うべき手本となるという心構えで、常に学業に努め励むように、と美子は彼女たちを激励しています。

美子のことばのとおり、翌一八七二年（明治五）八月には「学制」が示され、女子にも男子と同等の教育を施すこととなりました。けれど、学制の公布に先立つ三月、文部省が開設した東京女学校は、八歳から一五歳までの女子を対象とした六年制で、欧米の女性を教師として雇い、英語教育を重視するとともに、『学問のすすめ』『西国立志編』『西洋史略』『世界国尽』などを教科書として、欧米文化を伝える先進的な教育を行っていましたが、一八七七年（明治一〇）に起こった西南戦争の影響により、経費節減を理由に廃校となります。（櫛田眞澄『男女平等教育阻害の要因　明治期女学校教育の考察』）

渡米に先立ち、皇后謁見のために参内した女子留学生たち。
左より上田貞子・永井繁子・山川捨松・津田梅子・吉益亮子。
（津田塾大学津田梅子資料室蔵）

秋枝蕭子によれば、外語系の学校においても、東京女学校は男子の東京外語に比べて生徒数は約三分の一、教員数は約四分の一でしたが、補助金は約九分の一または二〇分の一しか支給されず、文部省直轄学校に政府が支給した補助金も、学校数が異なるとはいえ、一八七三年（明治六）度では一パーセントにも達せず、最も支出した一八七五年（明治八）度ですら二〇分の一以下と、女子教育への公的経済支援の少なさは明らかだったといいます。（秋枝蕭子「「学制時代」に於ける女子教育の出発について――文部省年報を中心とした検討――」）

さらにこの時期、政府が主導した洋学重視の教育政策が、結果的に道徳教育の軽視を招いた、との批判が天皇周辺から起こります。とくに、元田永孚《もとだながざね》ら天皇の側近たちは、仁義忠孝による道徳教育の重視こそ教育政策の基本とすべきである、と主張しました。西洋の知識才芸はあくまで「末」であり、「本」である仁義忠孝との本末転倒はあってはならない、というわけです。

明治一〇年代、こうした洋学重視から徳育重視の儒教主義教育への揺り戻しが起こるなかで、文部省は一八八二年（明治一五）、女子教育に必要なのは「修身の道」「坐作進退の節」「家事経済の要」「子女教育の法」、他には裁縫、手芸との教育方針を示すこととなります。

（「日本帝国文部省　第十年報」）

ここに至って、普通教科における男女同等の理念は崩れました。

元田永孚

思えば明治維新は、王政復古という「国体」により支えられ、成し遂げられました。万世一系の天皇を中心とした政治体制を掲げるかぎり、新政府にとっても、その権力の基盤に天皇の権威は不可欠です。森川輝紀のことばを借りれば、新政府による近代化政策は、つねに国体的伝統的な価値基準からの批判を浴びざるを得ず、近代化と国体的国威発揮の間で、「徳治的教学論という不動の座標軸を主張しつづけ」たのが、天皇の側近であった元田永孚ということになります。（森川輝紀『増補版　教育勅語への道 ― 教育の政治史』）

加えて、そもそも学制以降の女子教育のすべてが、進歩的だったかといえば、決してそうではありません。内容も、必ずしも男女同等ではなかったのも事実です。

一八七八年（明治一一）と翌年の文部省日誌や年報の調査を通して秋枝蕭子が指摘したところでは、学制公布後も、『女大学』『女のさとし』『烈女伝』『教女軌範』『姫鑑』『女四書』『女今川』といった前代の女性向け道徳書が、石川・山梨・埼玉・東京・神奈川・鹿児島・茨城などの小学校や京都の女学校、石川の女子師範などで教科書とされており、欧化教育と並行して、女子のみを対象とする婦徳涵養の前代的教育もまた、行われていました。（秋枝蕭子「教育令及び改正教育令発布前後の女子教育 ― 文部省日誌及び年報を中心とした検討 ―」）

たとえば、一八七五年（明治八）に、満六歳から満一四歳の女子一〇〇名と、一四歳から一八歳までの員外生二〇名、あわせて一二〇名を定員として栃木県に創設された公立の栃木女学校は、開校二年後、小島玄壽が校長となったときには、校名を「栃木模範女学校」に改め、教諭九名（全員女性、教師補も含む）、生徒二四八名の、県下に女学校を普及させていく上で模範的役割を果たしうる規模となっていました。（『一〇〇年史』）

しかし、同年の「栃木県年報」に記載された科目には、読書・算術・習字・裁縫・簿記などは見られるものの、英語は含まれていません。しかも、同校の校長であった小島玄壽は、婦徳や婦道といった前代的な道徳教育を目的とする『日本列女伝』を著しています。『日本列女伝』の刊行は、一八七八年（明治一一）のことですが、刊行の前々年と前年には、教材としてその書名が「栃木県年報」に見えます。刊本と全く同じ内容であったかどうかは分かりませんが、すでに刊行前に授業でも用いられていたと考えられます。（榊原千鶴「明治期女性教育書にみる日本の近代化　第四回『日本列女伝』」）

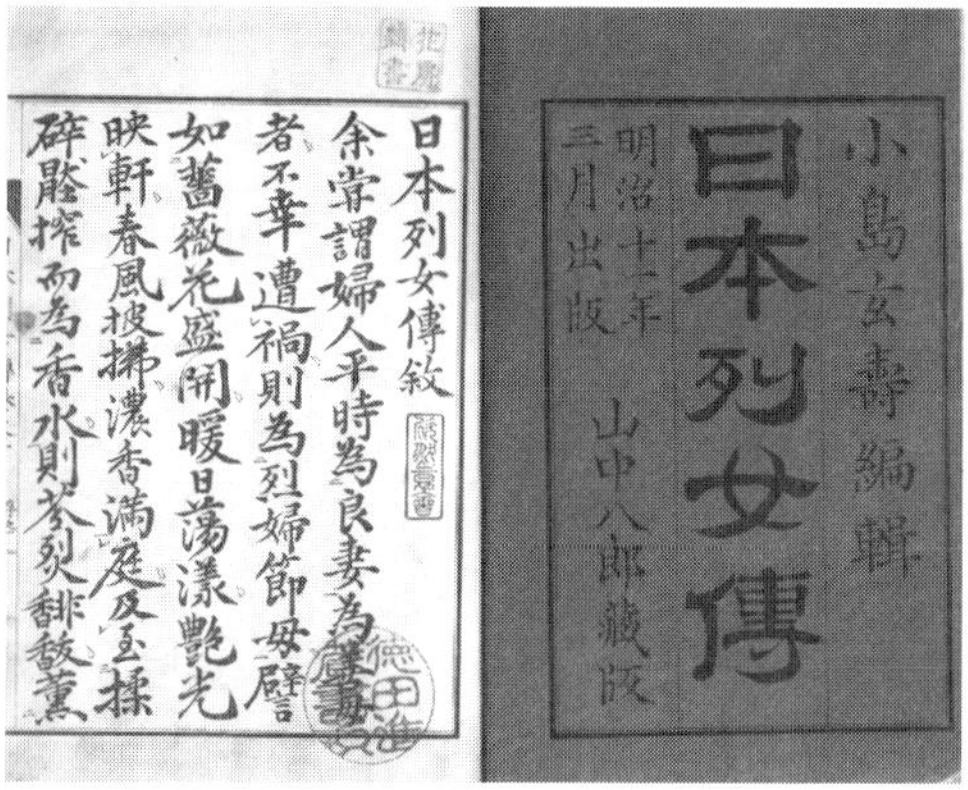

小島玄壽『日本列女伝』
（名古屋大学ジェンダー・リサーチ・ライブラリ蔵）

小島の『日本列女伝』は、中国前漢の劉向《りゅうきょう》が著した『列女伝』によりながら、日本の歴史上において、偉業や褒め称えるべき行いをした女性を集め、三巻にまとめたものです。

その構成は、子としての「孝弟」、妻としての「貞順」、母としての「母儀」からなり、家父長制を前提に、女性に従順や貞淑といった「婦徳」の大切さを示すことを主眼としています。

そして、たとえば巻二「貞順」に採られた女性を見てみると、四九名のうち、一〇名余りは『平治物語』『平家物語』『曽我物語』『太平記』といった軍記物語が描く女性です。こうした軍記物語を典拠とする例話は、家父長制に基づく力による支配を背景に、戦時下における銃後の守りというような、女性を献身の美徳に誘おうとする面をもちます。（榊原千鶴「女性が学ぶということ ― 女訓から考える軍記物語 ―」、同「「女子の悲哀に沈めるが如く」― 明治二十年代女子教育にみる戦略としての中世文学」）

しかも、『日本列女伝』が各巻の冒頭に、応神天皇妃の「兄媛《えひめ》」、八坂入彦命《やさかのいりひこのみこと》の次女「弟媛《おとひめ》」、「淳和《じゅんな》皇后」という皇統に関わる女性を配していることは、天皇親政による政治体制のもと、天皇を頂点とした国家に価値を認める道徳書であることを思わせます。

これはほんの一例に過ぎません。

つまり、教育ひとつをとってみても、今回政府が「明治一五〇年」にあたって学ぼうと呼びかけた「明治の精神」とは何なのか、疑問を感じるのです。「明治」という時代を称え、明治以降、現在に至るこれまでの歴史を、「近代化成功の物語」として消費する前に、まずはその内実を知ることが必要ではないでしょうか。

こうした明治初期の教育環境のなか、先導的役割を担った美子は、一八七七年（明治一〇）と一八八七年（明治二〇）に、『明治孝節録』『婦女鑑』という二つの道徳書を編纂させています。道徳書の編纂を命じることは、結果として、それを命じた者、すなわち皇后が、善悪を判断し、国民ひとりひとりが守るべき行為の基準を示したことを意味します。

彼女の命により作られた道徳書とは、どういう内容のものだったのか。そこに込められた意図とは何だったのか。「皇后」として、美子はどのような国民を育てようとしたのか。そして、そもそも美子は、どのような教育のもとに成長し、「皇后」という日本で唯一の存在として、そのありかたを創造していったのか。

当然のことながら、女性教育も、女性だけでなく、女性と男性、それぞれのありかた、関係性に基づいてなされるものです。美子と明治天皇により示された男女の姿は、天皇と皇后という立場の特異性による独自なものである一方、ひと組の夫婦像として、一般の人々にも影響を与えたはずです。

たとえば、一八八九年（明治二二）の「大日本帝国憲法」発布の日、式典を終えた天皇と皇后が同じ馬車に乗り、祝賀パレードに向かう姿を、英語教師として来日中だったアリス・ベーコンは、次のように記しています。

この祝賀パレードのとき、初めて天皇と皇后が同じ馬車に同乗されました。この出来事は、日本の女性たちに大きな進歩をもたらしました。というのは、天皇は皇后よりもはるかに人格が上なので、民衆の前では皇后と一緒の馬車に乗ってお姿を見せることなどできなかったからです。しかし、昨日は、天皇が同乗されたことにより、皇后も天皇と結婚したことによって天皇と同じ社会的地位までに引き上げられたことを天皇ご自身が認められたのです。妻の地位にたいする西洋的な考え方を、公式に採用したことになったのです。

（『華族女学校教師の見た明治日本の内側』第八章）

ベーコンは、天皇と皇后の同乗は、「日本の女性たちに大きな進歩をもたら」す出来事であり、天皇が、皇后を、「天皇と同じ社会的地位までに引き上げられたことを」認めた結果だと記しています。

けれど、このとき公布された「大日本帝国憲法」は、アジアで制定された初めての憲法ではありましたが、女性の地位という点では男女平等にはほど遠いものでした。女性には、参政権をはじめとする政治的権利は認められず、「家」制度のもと、財産は夫の管理下におかれ、法律上も妻は無能力者（単独では完全な法律行為のできない者）とされました。憲法とともに作成され、同日に天皇により定められた「皇室典範」においても、女性による皇位継承は否定され、一夫一妻多妾制も容認されています。

祝賀パレードを見ようと沿道に集まった人々が眼にしたひと組の夫婦像は、日本の近代化の象徴として、視覚的に演出されたものでしかありませんでした。その舞台裏を、宮内省の顧問としてヨーロッパの宮廷儀式の導入にあたったオットマール・フォン・モールは

天皇陛下皇后陛下行幸国儀式鹵簿御馬車ノ図（個人蔵）

次のように記しています。

天皇、皇后が公式に平等だなどということは日本流の考え方によればありえなかった。天皇はお妃の皇后より高い地位におられた。そうしたことからしてもご夫妻が一緒に登場されることは、できるかぎり回避された。天皇が皇后と同じ宮廷馬車に乗られるような事態は西洋の風習への大譲歩であるように思われた。

（『ドイツ貴族の明治宮廷記』「宮中にて」）

天皇と皇后によって演出されたその光景は、あくまで「西洋の風習への大譲歩」

であり、明治政府により勧められた西欧化という政治的背景があってこそ実現したものでした。

事実、ドイツ人医師で、天皇の主治医でもあったエルヴィン・フォン・ベルツは、このパレード後の一八九一年（明治二四）の出来事として、天皇が皇后と同じ高さの座具を受け入れなかった挿話を伝えています。

天皇は、玉座が皇后の座と同じ高さにあることを、どうしても承服されなかった。それよりも、高くせよとのことなのだ。ところが、井上伯はそれに反対だった。ある時、伯が参内したところ、玉座の下に厚い絹の敷物がこっそり置いてあるのを発見したので、伯はこれを引きずり出して、室のすみに放り投げたが、これがため、大変な騒ぎが持上ったことはいうまでもない。（『ベルツの日記』(上)「第三編　第二の故郷」）

「井上伯」とは、西欧化を進めた井上馨《いのうえかおる》のことです。皇后より高く座すために、天皇の座具の下に敷物を置いたところ、それに気づいた井上が、敷物を取り去ったことで大騒ぎになったというのです。明治天皇にとっては、皇后と対等などということは、到底受け入れられることではなかったのです。

モールは、「日本古来のならわしと洋式の作法」との激しい衝突や、和式と洋式の真っ向からの対立があったこと、けれどそうした環境の中でも、「宮中全員にとって皇后美子は、共感を呼ぶだれからも尊敬される女主人」であり、「天皇にとっても、きわめて価値のある支柱」であったと記しています。（オットマール・フォン・モール『ドイツ貴族の明治宮廷記』）

美子が、天皇にとって「価値のある支柱」であったとしても、それがすぐさまベーコンのいう「天皇と同じ社会的地位までに引き上げられたことを天皇ご自身が認められた」ことを意味するわけではありません。天皇は、美子に何を求め、美子はいかにして「価値のある支柱」となったのか。そして、天皇と皇后のありかたは、近代日本の男女の関係、さらに、国民の育成にどのような影響を与えたのか。

本書では、幕末から、美子が編纂を命じた『婦女鑑』の成立（一八八七年）までを対象に、美子が受けてきた教育、女性教育に果たした役割、体現した「皇后」としてのありかたを明らかにすることで、結果的に美子が、天皇の絶対化を支える存在として、国民の教育にもあたったことを示したいと思います。それは、「明治の精神」の内実を問う、ひとつの試みでもあります。

なお、本文中に引用した史資料については、通読の便を考え、適宜、旧漢字は新漢字に、旧仮名遣いは新仮名遣いに改め、句読点や振り仮名、現代語訳を補いました。また史資料名は「参考文献」として、一括して本書末尾に示しました。

第一章

天皇のために！問われる覚悟

入内から一〇年余り、宮中の生活にも慣れた美子《はるこ》は、女官たちへの目配りや気遣いも日々怠ることなく、後宮の長へと成長しつつあります。そうしたある日のこと、後宮で、天皇と、天皇の教育係とによる談話の時間が設けられることになりました。堅苦しくない、くつろいだ集まりとはいえ、同席することになった美子にとっては、緊張の時間です。なぜなら天皇は、教育係との意見交換や議論だけでなく、この場を利用して、美子をはじめ女官たちに、天皇のために何ができるか、覚悟の程を問おうとしているようなのです。そこで美子は、「これまで学んできた先例をふまえながら、彼女なりの「皇后としてのありかた」を示そうとします。それは、天皇への回答である同時に、天皇を取り巻く女官たちへの訓戒でもありました。

夜ごとの歓談「内廷夜話」

一八七七年（明治一〇）九月一一日、宮中では「内廷夜話」という催しが始まりました。内廷夜話とは、天皇の私的空間である内廷（後宮）において、天皇の補佐や指導にあたる侍補が、毎夜七時から九時までの約二時間、その日の出来事や古今の政治体制、政治上の成功や失敗について、天皇とざっくばらんに語り合う試みです。

この内廷夜話が始まるきっかけには、西南戦争がありました。西南戦争とは、明治政府の政策に不満を抱いた士族による反乱です。反乱軍を率いたのは、明治維新で重要な役割を果たし、かつては政府の中枢にあった西郷隆盛でした。この年の二月に勃発した反乱は、九月には政府軍により鎮圧されたものの、それは、新政府の土台のもろさを再認識させる出来事でした。

政権を安定させるにはどうすればよいか。

ここで天皇をめぐってふたつの動きが起こります。ひとつは、天皇みずからが政治を執り行う親政の実現をめざす動き、いまひとつは、政権の基盤を強化するために、天皇と内閣との結びつきを強めようとする動きです。天皇の政治的位置づけや、権力の範囲に違いはありますが、維新後の新しい国づくりを進めていくうえで、天皇の権威を利用しようとする点では重なります。

いずれの立場も、天皇の権威を高めるために、その権威にふさわしい君主としての徳を身につけることが重要と考えました。そこで、天皇を導き育てる存在として、西南戦争の決着がほぼ明らかとなった八月、侍補職が設置されます。この侍補職の創設に大きな役割を果たしたのが、すでに侍読の職にあった元田永孚《もとだながざね》です。

一八七一年（明治四）、大久保利通の推薦により侍読となった永孚は、中国の四書・五経といった経書の解釈を教える漢学者として、天皇の身近にありました。以前から天皇親政を願っていた永孚は、各地で士族の反乱が起こる不穏な世情を前に、天皇を教え導く必要性を大久保ら政府高官に進言し、侍補職の設置にこぎ着けます。

侍補に任命されたのは、徳大寺実則《とくだいじさねつね》・佐々木高行《ささきたかゆき》・吉井友実《よしいともざね》・土方久元《ひじかたひさもと》・元田永孚・高《たか》崎《さき》正風《まさかぜ》・米田虎雄《こめだとらお》・鍋島直彬《なべしまなおよし》・山口正定《やまぐちまささだ》・建野郷三《たてのごうぞう》の一〇名でした。永孚の自伝「還暦之記」には、「日夜更番侍宿直、一心協力孜孜《しし》トシテ、裨益《ひえき》スル所アランコトヲ思フ」（常に代わる代わる当番となって宿直し、みな一心に協力し、仕事に熱心に勤め励み、君主の輔導に役立とうとした）と、侍補たちの熱い思いと仕事ぶりが記されています。

和やかな雰囲気のなかで天皇と親しみ、信頼関係を築きながら天皇を導いていく。こうした提案から始まったのが、内廷夜話でした。

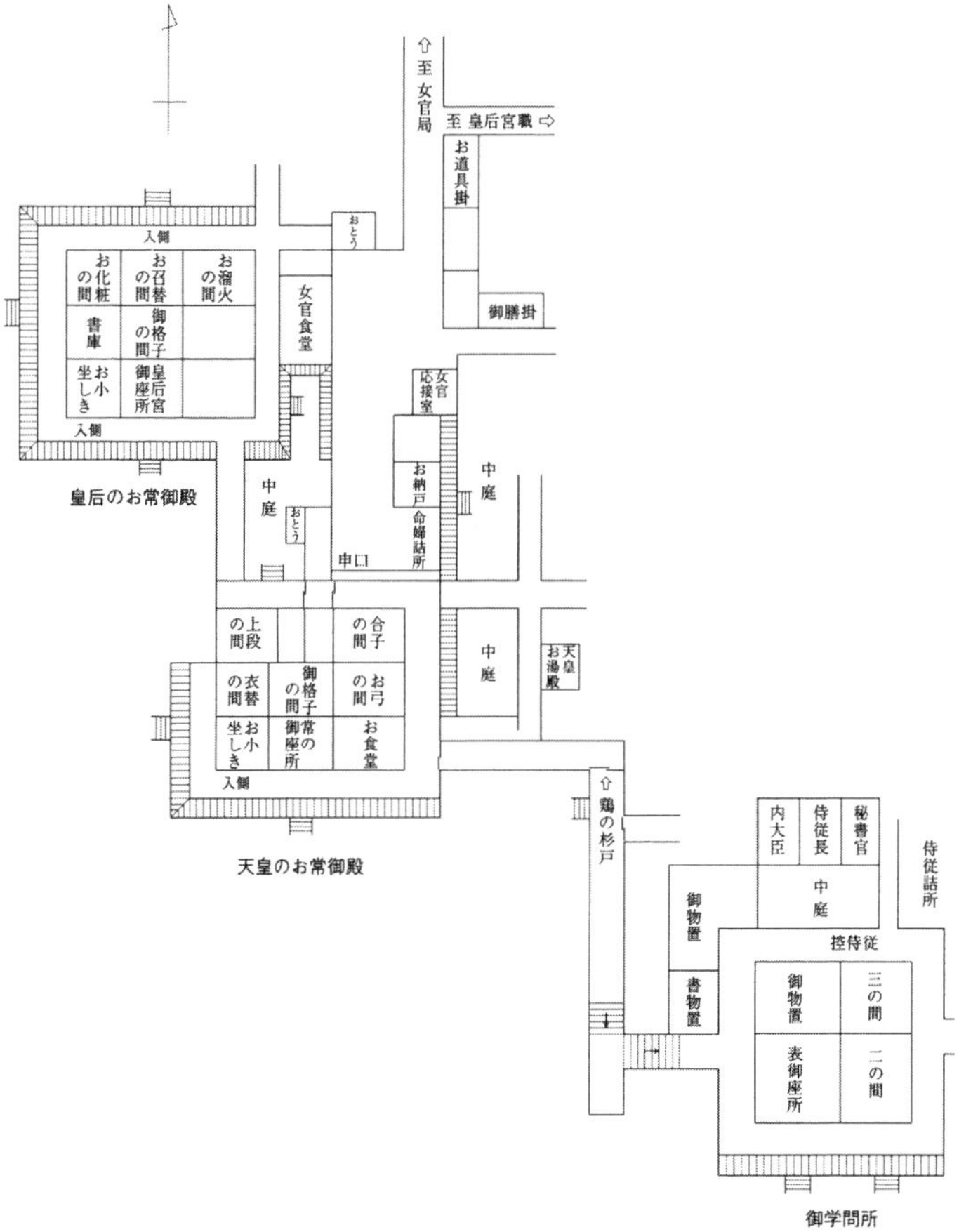

明治宮廷の内廷と学問所の見取図

侍補のひとりである土方久元は、内廷夜話の様子を次のように伝えています。

> 陛下は斯《かく》の如く、凡そ毎日提灯をともして還御になつて、御行水でも遊ばして、夕の御食事が御済みになると、必ず宿直して居る二人の侍補をお召しになつた。其の折はもうずつと大奥の大奥の《（ママ）》とつとの御大奥に召されて、陛下には皇后陛下と共に出御になり、女官などは皆、次の室に替り合せて控へて居た。
>
> （『明治天皇聖徳録』「夜も宿直して御話の御相手」）

夜話は、明治天皇が御座所での執務を終えて内廷に戻り、行水や食事を終えてひと息ついたところで始まります。内廷は、「大奥」とあるとおり、皇后と女官のいる空間です。本来、表（外廷）との取り次ぎは、侍従試補という青少年が担当することになっており、内廷に大人の男性が入ることはできなかったのですが、内廷夜話のときには、当番の侍補二名が出席しました。

> それから我々侍補の者は両陛下の御前に於て、和漢古今の治乱興亡の跡、人物評から、政治の得失、名君賢相の事蹟。欧米各国の有様より海軍のこと、陸軍のこと、美術の

こと、農業のこと、工業のこと、商業のこと、其他ありと有ゆる世界中の種々様々な事に就《つい》て御下問もあれば、言上《ごんじょう》もして、始終御研究があつて、夜も大抵十時頃までは毎晩其の通りで非常な御勉強であつたが、時あつては人物評論とか、政治の得失等に就ては、陛下の御思召と侍補との意見の違ふことがある。其の折にはさう云ふ役目を有《も》つて居るものであるから皆決して阿従《あじゅう》はしない、自分の考へる所を存分申上げて火花を散らして御争ひも申した。陛下にも百方御激論もあつたが、それが実に大徳な処で、其の時はさう云ふ御有様であるけれども、後で直言をして少しも憚《はばか》らぬと云ふ者を御取除《とりの》け遊ばすと云ふことは微塵《みじん》もない、却つて硬骨に強く誠実を吐いて申上げる者を御喜びになると云ふやうな御有様であつた。

（『明治天皇聖徳録』「御前に於て和漢古今の人物論」）

話題は、「ありと有ゆる世界中の種々様々な事」に及び、二時間という当初の予定を超えることもありました。ときには、天皇と侍補の意見が対立することもありましたが、侍補もおもねり従うことはせず、天皇も異なる意見の者を排除したりはしません。くつろいだ雰囲気のなか、意見を交わすうちに、信頼関係も築かれていきます。そして天皇の傍らには、つねに皇后美子《はるこ》がいました。

天皇、美子を内廷夜話に同席させる

天皇は、内廷夜話を始めるにあたり、美子の参加を前提としていました。

皇后宮御同坐ニテ、御款話《かんわ》ニ陪シ、諸事究屈《きゅうくつ》ナラズ、和暢ヲ旨トスル様ニト、勅喩ヲ下シ賜ヒシナリ。

（「還暦之記」）

「款話」（うちとけた話）とあるとおり、堅苦しくない歓談の場ということもあるでしょうが、天皇はわざわざ、「諸事究屈ナラズ、和暢ヲ旨トスル様ニ（もろもろ気詰まりにならぬよう、穏やかで和やかであるよう心がけよ）」、とその場の雰囲気づくりに気を配るよう周囲に命じています。

そこには、美子や女官たちも、自然とこの歓談に加わることができるように、との配慮が感じられます。天皇はこの試みを、自身の修養に留まらず、宮中の女性たちにとっても向学の機会となるようにと考えました。同時に、天皇と、天皇に仕える者との関係を自覚させる場にすることも、狙っていたように思います。

少なくとも美子にとっては、学びの場というだけでは終わりません。それは、彼女の力量が問われる場でもあります。侍補や女官たちの視線を感じつつ、その時々の話題や問いかけに即座に対応していく。学識や人となり、そして皇后としてのありかたが、常に試される場でもあったのです。

たとえば、美子の事蹟をまとめた『昭憲皇太后実録』には、議論が白熱し、天皇と侍補の意見が対立したときには、彼女が調停役をかってでたこともあったとあります。美子は、お飾りでも、傍観者でもありませんでした。議論の内容を理解し、ときには対立する意見に割って入ることができるほど、賢明で才知にたけた女性でした。

現代からすれば、皇后がこうした議論に必要な知識や教養を身につけているのは当然のこと、と思うかもしれません。もちろんこの時期、政府が推し進めた西欧化に関わる事柄などは、日々学ぶことに努めたでしょう。

けれど、「和漢古今の治乱興亡の跡、人物評から、政治の得失、名君賢相の事蹟」といった話題は、過去の歴史上のこと、また日本に留まらず、中国の人物や事蹟に関する知識を必要とします。それらは、決して短時間で身につけられるものではありません。

明治維新を経たとはいえ、美子が育ったのは、女性と男性では学ぶ内容が明確に分けられていた幕末です。男性にとっての高等教育が漢文による「学問」であり、女性はこうした「学問」には、ほとんど接する機会のなかった時代です。

しかし美子は、後に述べるように、幼いときから漢文に慣れ親しむことのできる希有な環境のもとに育った女性でした。宮中に入った後も、皇后としてどうあるべきか、彼女なりの皇后像を模索するなかで、彼女は「学問」をその裏付けとしました。

天皇が、身近な女性たちの学びの場となることを意図した内廷夜話は、後述するように、結果的には、天皇に仕える女性はどうあるべきかを、彼女たちに自覚させる場であり、美子にとっても、「皇后」としてのありかたを披露する場となりました。こうした内廷夜話の効果が、天皇と皇后により、当初から意図されていたのかどうかは分かりません。けれどそこに、あうんの呼吸とでもいいたくなるような空気が感じられるのも事実です。

そして見逃せないのは、専門の立場から、天皇と皇后を指導し、この場に集う人々の振る舞いを記録し、広く伝えようとした側近たちの存在です。その代表格が、漢学の指導にあたった元田永孚であり、和歌の指導にあたった税所敦子《さいしょあつこ》です。

この時期、天皇を頂点とする国づくりを進めていくために必要とされたのは、天皇の権威を高めることでした。そうであってみれば、求められる皇后像も、仕える者たちのありようも、この究極の目的にふさわしいものでなければなりません。

内廷夜話は、閉ざされた宮中での催しのように見えますが、そこで示された天皇と天皇に仕える者とのありかたには、こののち、天皇を絶対的な存在とし、国民を天皇に服従する「臣民」へと育てていくヒントもうかがえるように思います。

天皇は歴史好き

「内廷夜話」では、日本や中国の歴史上の人物に対する評価も話題となりました。

天皇は、和漢を問わず治乱興亡のさまを描いた歴史書を愛読し、豊臣秀吉の生涯を綴った『太閤記』や、中国の歴史書である『三国志』などは暗誦できるほどに親しみ、楠正成や諸葛孔明《しょかつこうめい》、加藤清正や関羽《かんう》といった歴史上の人物を好みました。

実は、この内廷夜話が始まった翌日から、天皇は体調を崩し、再開までには二〇日ほど間がありました。けれどその期間も天皇は、看病にあたる美子や女官たちに歌題を与え、また自らも歌を詠んで、療養中の楽しみとしています。

歌人で、侍補でもあった高崎正風《まさかぜ》は、次の三首を、天皇の病床での秀歌としています。

孔明

龍のふす岡の白雪ふみわけて　しばのいほりを訪ふ人はたれ

（筆者訳：龍が臥しているという岡の白雪を踏み分けて、粗末な家を尋ねる人は誰だろう。）

秋夜長
秋の夜のながくなるこそたのしけれ　見る巻々の数をつくして
（筆者訳：秋の夜の時間が長くなるのは楽しいことだ。ある限りの書物に目を通すことができるのだから。）

述懐
いにしへのふみ見るたびに思ふかな　おのがをさむる国はいかにと
（筆者訳：昔の書物を見るたびに思うことだなあ。私が治めるこの国はどのようであるかと。）
（『明治天皇紀』明治一〇年九月一二日条）

二首目、三首目からは、書物、おそらくは歴史書を読む楽しみと、そこに描かれた歴史上の人物たちの事蹟を通して、自分は天皇としてのこの国をいかに治めていけば良いのか、為政者としてのありかたを自問し、新たな国づくりに思いをはせる姿が想像できます。
いっぽう一首目は、前提となる知識が必要という点で、他の二首とは異なります。
これは、『三国志』に基づく故事成語「三顧の礼」をふまえた歌です。「臥龍」とも呼ばれ、軍師であった諸葛孔明を指導者に迎えようと、劉備《りゅうび》が三度にわたり孔明のもとを訪れた故事から、真冬の雪道を踏み分け、孔明の住まいを訪ねた様子を詠んでいます。

こうした中国の故事にも明るい天皇が、美子や女官に歌題を与えるわけですから、彼女たちにも歴史的な教養が求められていたことは、容易に想像できます。侍補の土方久元は、天皇が楠正成と諸葛孔明の優劣を問うたとき、女官の税所敦子が詠んだ次の歌が、秀逸とされたと記しています。

伏す龍の岡辺の雪の光にも　勝るか花の桜井の里
（筆者注：伏龍〈孔明〉を迎えようと、劉備が訪れた真冬の岡辺の雪の光よりも、
　花々が咲き乱れる桜井の里の方が勝るだろうか。）
（『明治天皇聖徳録』「陛下の御追慕遊ばされたる古今の人物」）

この歌も前の御製と同じく、「三顧の礼」の故事と、さらに日本の古典である『太平記』が描く楠正成・正行《まさつら》父子の別れ、世に「桜井の訣別」と称された故事を詠み込んでいます。その意味で、敦子の学識と和歌の才能が発揮された一首といえます。

天皇は、歴史故事を題材とした詠史和歌や詠史詩の披露を身近な者たちに求めました。

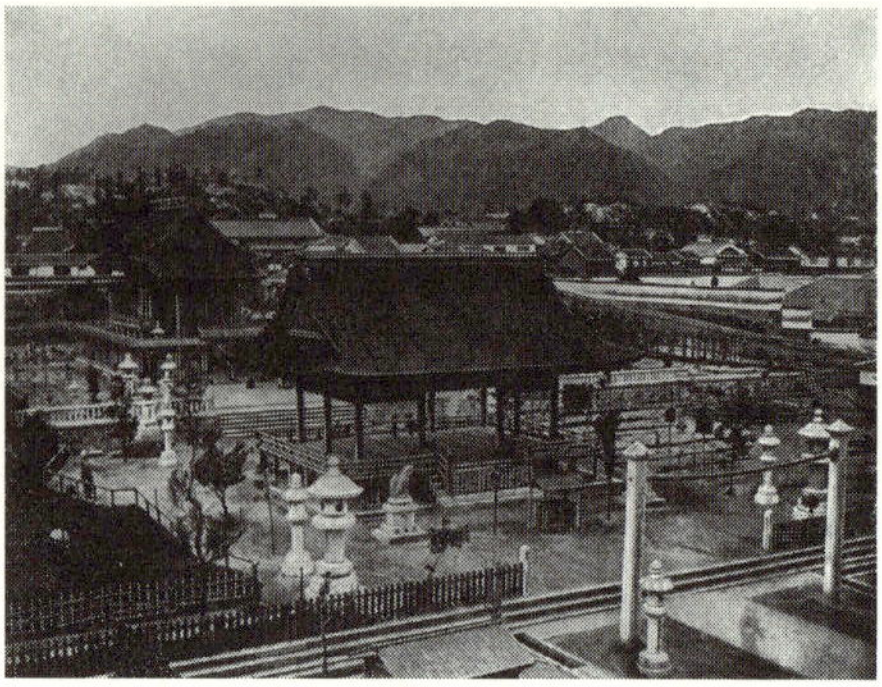
湊川神社

しかしそのことを、歴史や文芸といった天皇の嗜好にのみ結びつけて理解するとしたら、それは、たいせつなことを見落とすことになるでしょう。歴史を歌や漢詩に詠むこと、詠ませることには、意味があります。余興的な雰囲気が装われていても、そこには政治的な意図が込められているのです。

敦子はなぜ、楠正成・正行父子に軍配を上げようとしたのか。

それはこの父子が、後醍醐天皇が打ち立てた南朝に殉じ、忠臣の鑑とされた存在だったからと考えられます。天皇のために命を捧げる。そうした彼らの事蹟は、明治維新においても尊皇思想の模範とされました。天皇はその忠義を後世に伝えようと、一八七二年（明治五）に正成を祀る湊川神社を創建させています。天皇のために忠誠を尽くした楠正成は、神となったのです。敦子は、そうした天皇の意図するところを理解し、詠歌によって応じているのです。

「明治の紫式部」と呼ばれた税所敦子《さいしょあつこ》

ところで、この税所敦子とは、どういう女性だったのでしょう。

敦子は、侍補でもあった高崎正風《まさかぜ》の推薦により、女官となりました。高崎が、敦子の没後に編まれた家集『御垣の下草 後編』に寄せた序文には、推薦のきっかけとなった高崎と侍従長の東久世通禧《ひがしくぜみちとみ》（文中では「伯」）とのやりとりが披露されています。

> 今上皇后御二所には、深く斯道を嗜《このま》せられ、侍従女官等にも折にふれつゝ題をたまひ、歌めし給ふことあり。さるを、あまたある女官中に、皇后宮の御ことばがたきつかうまつるべきが、一人だになきこそくちをしけれ。そこの知人の中に、もしさるべきがあれば、教へられよ、といはるゝを、おのれ聞もあへず、膝をうちて、そはまことに適当の人こそあなれ、とて、刀自《とじ》の資性経歴よりはじめて、歌文に堪能なることゞも、つぶさにものがたれば、伯いといたう悦びて、こはよきことをきゝぬ。必はからふ所あるべし、とてわかれき。
>
> （『御垣の下草』後編上）

天皇と皇后はともに和歌を愛好し、侍従や女官らに、折にふれ題を与え、作歌を求めら

税所敦子

れる。しかし、女官は多くいても、和歌に関して皇后の話し相手が務められる者がひとりもいないのは、なんとも残念なことである。あなたの知り合いで、そうした歌道に精通した女性がいたら教えてほしい、と東久世はいいます。

高崎は、東久世の話を聞き終わりもしないうちに、まさにふさわしい女性がいるといって、敦子を推薦します。旧知の敦子の「資性経歴よりはじめて、歌文に堪能なることゞもつぶさに」語り、うってつけの人材であると勧めたわけです。

東久世が用いている「ことばがたき（言葉敵）」という表現からは、たんに聞き役に徹するだけではない、歌に関しては怯むことなく皇后と対等に議論できる女性が望ましい、との思いが伝わってきます。

天皇と皇后が侍従や女官に題を与え、歌を詠ませることに、和歌を好んだというだけではない思惑があったとすれば、その意図を察し、詠歌に活かせる力量をもつ人材が必要です。楠正成・正行父子を詠んだ敦子を思えば、皇后美子が必要とした和歌の指導者として、敦子が採用された理由も理解できるのではないでしょうか。

こうして一八二五年（文政八）生まれの敦子は、一八七五年（明治八）五一歳にして宮中に出仕することになります。宮中では「楓内侍」という候名《さぶらいな》（宮仕えのときに用いる名）で呼ばれ、「明治の紫式部」と讃えられるほどの才能を発揮し、一九〇〇年（明治三三）に亡くなるまでの足かけ二六年にわたり、皇后に仕えました。

美子は敦子を、まるで母や姑のごとく大切にし、亡くなった後には、皇后宮大夫（皇后の意思の伝達、日常を支える職員）の香川敬三《かがわけいぞう》に命じて墓を作らせ、残された敦子の娘には、御手元金を与えたといいます。

しかも、敦子への寵愛は、皇后に留まりませんでした。『明治天皇紀』（明治一七年一〇月九日条）には、天皇が詠んだ歌はまず、書にも巧みであった敦子が浄書保管し、高崎正風の批点（批評や評点）が求められるときには、敦子が浄書した御製を高崎に渡し、批点を天皇が確認した後、再び敦子が浄書したとあります。天皇が敦子によせる信頼のさまがうかがえます。

天皇と皇后が食事をしているときに、敦子が給仕に控えていると、「婆々よ、この肴を分けてやるからおまえの皿をもってらっしゃい」と天皇が自分から声を掛けることもありました。五〇歳を過ぎて宮中に仕える身となり、忠勤に励む敦子への愛情や労りが伝わってきます。敦子も、体調を崩したときには、宮中での勤めに障るからと、大嫌いな牛乳も我慢して飲んだそうです。

敦子が晩年、美子と詠み交わした歌には、和歌の教えを受けた美子と、期待された務めを果たそうと一身をささげた敦子との、強い結びつきが表れています。

別れてもなほ頼めおく　敷島のふるき昔の道のをしへを
（筆者注：あなたが宮中を去り別れ別れになったとしても、やはり頼りにしているのです。あなたが教えてくださった長い歴史を通して培われた和歌の道の教えを。）

玉のをのあらん限りは君にのみ　尽すべき身と思ひしものを
（筆者注：命がある限りは、皇后さまのためだけに尽くす我が身と思っておりましたものを。）

（『税所敦子刀自　伝記文集歌集』）

かつて平安の時代に、中宮彰子のサロンで活躍した紫式部さながらに、敦子も皇后美子のもとで、和歌をもって自らの職責を果たそうと力を尽くしました。そのはたらきはやがて、宮中の女官たちにも影響を与えていくことになります。

学びはじめる女官たち

税所敦子の登用には、和歌の才能だけではない、もうひとつ理由がありました。

それは、士族出身の女性を女官とすることで、宮中の雰囲気をかえようとの計画です。このもくろみは、東久世だけでなく、三条実美《さねとみ》、木戸孝允《たかよし》、大久保利通といった宮中の改革に頭を悩ませていた政治家たちの考えるところでもありました。

維新後の宮中改革によって、天皇に仕える女房と皇后女房の区別は解消され、女官はすべて、皇后による統括のもと、奉仕することとなりました。とはいえ、典侍《てんじ》、権典侍《ごんのてんじ》、掌侍《しょうじ》、権掌侍《ごんのしょうじ》といった高等の女官は公家出身者で固められており、長い歴史のなかで決められてきた慣習は、それが悪習であったり時代遅れであったとしても、なかなか廃止や一掃されるものではありません。皇后が先頭に立って改革を進めていくには、従来の慣習に縛られない女官の協力が欠かせません。

そこで、士族出身者として初めて権掌侍に抜擢されたのが敦子でした。新しい宮中には、日々成長する天皇と皇后に仕えるにふさわしい学識をもち、自ら進んで物事に取り組もうとする女性が必要です。

敦子は、和歌だけでなく、かつて京都で五摂家筆頭の家柄を誇った近衛家に仕えた経験から、公家の世界にも通じています。しかも、文明開化の時代に宮中で皇后に仕えるならば、海外とのやりとりもあるだろうと考え、フランス語や英語も学び、西欧の知識修得にも努めるような女性でした。

あるとき、宮中の改良を進めたいと考えた伊藤博文が、内々に敦子と会い、意見交換をしたことがありました。敦子は面談の最後、伊藤に向かって、宮中の改良はたいへんに重大なことでありますから、途中で挫折するようでは到底実行はできません、失礼ですが、あなたにその覚悟はおありですか、と迫りました。伊藤は敬服し、後日、あれほど立派な女性には初めて会った、と語ったそうです。

歌文の指導に加えて、皇后を支えながら宮中改革を進めていく。こうした重要な任務を担い、敦子の宮中生活は始まりました。

宮中の和歌に関わることを取り扱う御歌所の職員であった阪正臣《ばんまさおみ》は、宮中での敦子を次のように評しています。

学芸豊富にして、宮女中一のこれに比肩すべきなし。所謂知識は勢力にして、はじめいやしみし人々も、或は書籍中の疑義を質し、或は歌文の是正を乞ひ、いつしか師匠と仰ぐに至りぬ。

（筆者訳：学問や技芸の才能は豊かで、宮中で彼女に肩を並べる者はいない。世間一般に言われるように、知識は他を抑える力であって、当初は敦子をとるにたらない者と見下していた女性たちも、ある者は、書物のなかの疑問におもうところを質問し、またある者は、和歌や文章の添削を願ったりして、いつのまにか師匠、先生と敦子を尊敬するようになった。）

（「税所刀自の伝」）

宮中随一の豊かな学識を備えた女性です。士族出身ということで、はじめこそ敦子を下に見ていた女官たちも、その力量は認めざるを得ません。やがて敦子を「師匠」と敬い、慕うようになっていきます。

実際のところ、維新直後の女官たちの学力は、決して高いものではありませんでした。一八七五年（明治八）に設立された東京女子師範学校の生徒が、知り合いがいるからと、宮中に遊びに行ったことがありました。その折りの女官との雑談では、勉学に興味の無い女官たちの様子が話題になっています。

お召しによって国学の大家などが『源氏』や『枕草子』の講義などにあがっても、それがわかるのは皇后と税所篤子（ママ）さんくらいなもの。あとはみな講義がはじまると舟をこぐ方が忙しく、皇后は面白そうにそれを眺めて、ときどき不意うちになにかお聞きになる。ビックリしてトンチンカンなご返事を申し上げるので大笑い、いいお慰みです、というような話で、どうやらたいていの女官は無知と迷信のかたまりのようなものだったらしく思われました。

（『おんな二代の記』「大内山の裏ばなし」）

漢文どころか、『源氏物語』や『枕草子』でさえ、講義の内容が理解できるのは美子と敦子くらいのもので、講義が始まると、女官たちは次々に居眠りを始めます。美子もそうした様子をなかば楽しんでおり、突然の質問に、女官が慌てふためくさまを見ては、大笑いをしていました。

けれど、美子や敦子の存在により、次第に女官たちの姿勢にも変化が生まれます。政治家で文学者、伊藤博文の女婿でもある末松謙澄《すえまつけんちょう》が、元女官の思い出話を書き留めています。

明治七、八年前後の、天皇陛下が最も盛《さかん》に文武の御修業あらせられたる頃は、表御座所に於て福羽美静《ふくばびせい》・元田永孚・加藤弘之などの侍講をあつめさせられ、和漢洋の講義など、日々の様にあらせられた。而して是れ独り、表御座所のみならず、御内儀に於ても同様であつて、天皇陛下と、皇后陛下とは、一定したる時刻割があつた。表御座所の御模様は存ぜぬが、御内儀に於ては　皇后陛下は、吾々女官と御一緒になりて御稽古遊ばすのであつて、加藤さんのは洋学のこと故、講義を承はる丈《だけ》であるが、福羽さんや元田さんの和漢書などは、次回の場所は、何書の何処辺といふことは、大抵予定があつて、其あたりを銘々《めいめい》に下読をして置て、当日は、皇后陛下も吾々も、共に抽籤にて指示せらるゝ所を素読をして、扨《さて》講義や試問を受けたものである。左《さ》れば女官達も、務めの間に随分勤学せしめられたものである。

（『修養宝鑑明治両陛下聖徳記』「両陛下に関する追懐の数々」）

時代を代表する学者たちの講義が、後宮でも開かれるようになりました。全く新しい洋学は別として、多少なりと素養があるとされた和文や漢文では、女官たちは次の講義に備えて、「下読」（予習）をするようになります。授業では、皇后も女官も分け隔てなく、抽籤であたった者が指示された箇所を音読し、講義を受けたり、時には侍講による質問に答えなければならなくなったからです。

税所敦子が編纂した『内外詠史歌集』

こうした向学の空気が生まれ始めた宮中で、敦子は、詠史の題が出された際に参考になりそうな証歌（拠り所になるような歌）を書きためていきます。

『修養宝鑑明治両陛下聖徳記』によれば、元女官の談話として、明治の初期にはとくに、天皇が女官たちに与える歌題に詠史的なものが多かったとあります。そうした天皇の意向を汲んでのことでしょう。敦子は、後の一八九五年（明治二八）には、詠史の手控えをまとめ、『内外詠史歌集』（上下二冊）として出版しています。

『内外詠史歌集』が対象としたのは、神話時代の神々から、西郷隆盛・木戸孝允・三条実美といった明治期に至る日本の人々、さらに中国はじめ海外の人々の歌です。詠史和歌の伝統は、「続日本紀」の竟宴《きょうえん》の際に「聖徳帝王有名諸臣」を撰び、詠んだことに始まるとされ、その伝統は明治の代にも受け継がれていました。

『内外詠史歌集』には、明治初期に加藤千浪《ちなみ》が『詠史百首』で取り上げた歌も含まれていることが指摘されており（三輪正胤『歌学秘伝史の研究』）、詠史歌集の編纂は敦子が初めてというわけではありません。けれど、たとえば「以利沙伯（エリザベス）」、「佛蘭格林（フランクリン）」、「如安（ジャンヌ）」といった西欧の人物を取り上げている点は、『内外詠史歌集』独自であり、そこには、海外との交流を想定し、英語やフランス語を学んだという女官としての敦子の目配りが感じられます。

敦子は『内外詠史歌集』の「序」で、詠史の題を出されると、学びの道が広くないので、あれこれ書物を繰って証歌を見つけようとし、時間だけがむなしく過ぎていくのが情けなかった。そこで、証歌を見たり聞いたりしたときに控えておくようにしていたところ、年月が経つうちに一冊といってよいほどのものになった。そのことを知った人が、同じことならそれを出版すれば、「うゐまなびの人のたより」（初学者の頼みとする拠りどころ）にもなるのではないかと私に勧めた、と出版に至った経緯を述べています。

敦子は、身近にいた初学者、すなわち、天皇から与えられた詠史の歌題を前に、何をどう詠めば良いのか悩む女官たちに、参考となる情報を与え、手助けしていたのでしょう。そうした協力的な姿勢があればこそ、何より生まれが問われる宮中で、士族出身でありながら、高位

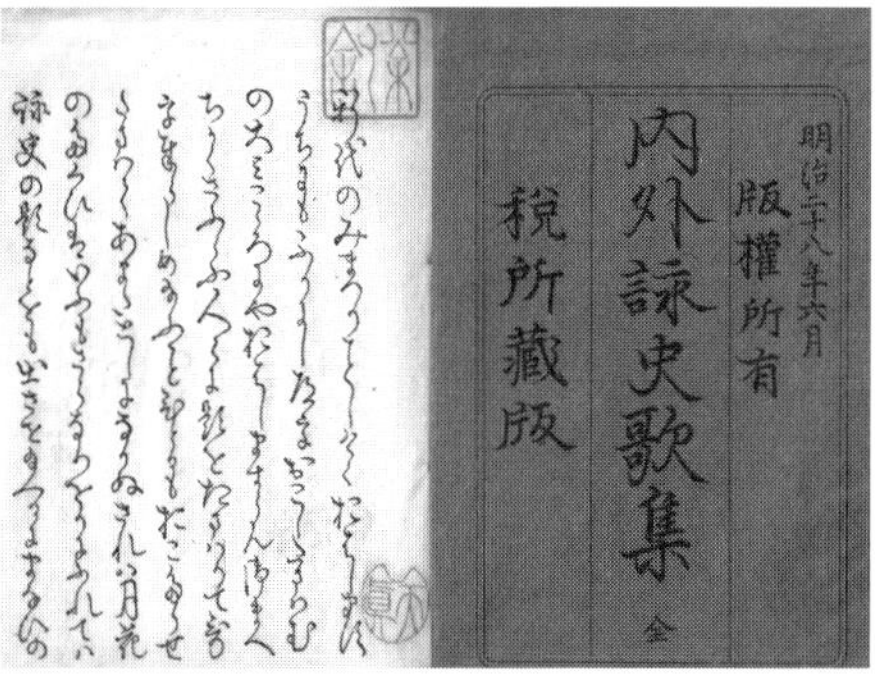

税所敦子『内外詠史歌集』（個人蔵）

の女官たちにも受け入れられ、「師匠」とまで慕われるようになったのだと思います。

けれど敦子が『内外詠史歌集』を編んだ目的は、こうした初心者向けのお助け本を世に出すためだけだったとは思えません。たしかに『内外詠史歌集』は、女官だけでなく、出版によって広く一般にも有益なものとなったでしょう。けれど敦子には、他にもっと本質的な目的があったと考えます。

敦子の狙いはどこにあったのか。

『内外詠史歌集』の詠者は、下巻の末尾に付載された「内外詠史歌集人名録」によって確認することができます。その顔ぶれには、歴史上の歌人に並んで、高崎正風をはじめ、近藤芳樹《こんどうよしき》・福羽美静・黒川真頼《くろかわまより》・小出粲《こいでつばら》・阪正臣といった維新後の宮中で文学御用掛や御歌所《おうたどころ》に勤めた男性歌人や、四辻清子《よつつじきよこ》・高倉寿子《たかくらかずこ》・柳原愛子《やなぎわらなるこ》・千種任子《ちぐさことこ》・園祥子《そのさちこ》・姉小路良子《あねがこうじよしこ》・小池道子《こいけみちこ》・壬生広子《みぶひろこ》・下田歌子《しもだうたこ》といった女官たちの名が見えます。

彼女たちは、女官のなかでも高位の者たちです。しかも柳原愛子・千種任子・園祥子らは、明治天皇の寝所に侍った女官で、愛子は大正天皇の生母、任子や祥子も皇女皇子をなしました。まさに宮中の奥向きである後宮を固めた女性たちです。彼女たちも、知識の程度に差はあったとしても、歴史を題材に和歌を詠んでいたわけです。

そこで、改めて押さえておきたいのは、詠史和歌の目的は何か、ということです。

詠史和歌の本来の目的は、望ましき国のありようと、そうした国を支えてきたのはどのような人々であったかを示すことでした。天皇が、内廷夜話の場や、機会あるごとに歴史を題材に側近たちに和歌や漢詩を詠ませたのは、過去の事蹟を思い起こさせ、いまにそれを甦らせるためだったと考えられます。

楠正成と諸葛孔明の優劣を問われた敦子が、なぜ、後醍醐天皇の大義に殉じた正成を優としたのか。それは、天皇のためならば死をもいとわない正成こそ、臣下のあるべき姿であり、そうした臣下のありかたは、この明治の代にあっても変わることなく求められていることを示すためだったのです。

したがって、天皇の意図するところを理解する敦子がまとめた『内外詠史歌集』の出版は、維新後の国づくりにあたり、天皇の側近たちが、歴史上の人物や事象を思い起こし、天皇やこの国への忠勤の思いを新たにする姿を広く伝えるとともに、国民にも同様の自覚と忠勤を促す効果をもつものと考えるべきでしょう。

内廷夜話は、天皇が、歴史上の賢明な君主や政《まつりごと》を振り返り、自らの人格的能力を伸ばす修練の場であると同時に、同席する者たちに対して、天皇のために何ができるか、彼らの覚悟の程を問う場でもあったのです。

天皇を守る女性たち

では、女性たちの覚悟とは、どういったものだったのか。

歌題のなかに、女官の多くが詠んだ女性がいます。景行天皇の皇子ヤマトタケルの妃とされる弟橘媛《おとたちばなひめ》です。

弟橘媛とは、ヤマトタケルの東国攻めに従い、相模から上総に渡るとき、馳水《はしりみず》の海が荒れて船が進めなくなったため、海神の怒りを鎮めようと、ヤマトタケルの身代わりとなって海に身を投じ、船を進めさせたとされる伝承上の女性です。

弟橘媛（菊池容斎『前賢故実』）

このとき詠まれたという「さねさし相模の小野に燃ゆる火の火中《ほなか》に立ちて問ひし君はも」（相模国の野で、燃え広がる野火のなかに立って、私の身を案じて、呼びかけてくださったあなたよ）の歌は、弟橘媛の名を、後世に伝える一首となりました。

女官たちは、いずれもこの入水場面を取り上げ、詠んでいます。

もゆる火のほなかにとひし一言を　世のおもひ出に沈む君はも　（下田）歌子
（筆者訳：燃えさかる野火のなかであなたが私の身を案じてくださったひと言を、私はこの世の思い出として、海に沈んでいこうと思います、あぁ、あなたよ。）

しづみけん浪まの月はくさなぎの　つるぎにたぐふ光なるらん　（税所）敦子
（筆者訳：弟橘媛が海神の怒りを静めようと身を投げた浪のうねりに映る月の光は、まるであなたに託された草薙剣に匹敵する光なのでしょう。）

わたつみの千尋の底にいりてこそ　はな立花の香はまさりけれ　（柳原）愛子
（筆者訳：海神が支配する海の底深くに沈むことで、橘の香りが優れるように、弟橘媛の存在も、より秀でたものとなったのです。）

わたつみの神の心もなきぬらん　みをしづめたる君がまことに　（小池）道子
（筆者訳：海を支配する神の心も泣いていることでしょう。尊《みこと》の身代わりとなり、海に身を沈めた弟橘媛の尊を思うまごころに。）

（『内外詠史歌集』下「橘媛」）

ヤマトタケルのために自ら進んで海に身を投じることで、弟橘媛はその名を後の世に留めました。明治の女官たちは、媛《ひめ》の自己犠牲的な振る舞いに心を寄せ、その思いを披露していています。たとえば大正天皇の生母である愛子はここで、媛の存在はこの行いによってさらに優れたものとなった、と称えています。

天皇と皇子の違いはありますが、皇統に連なる者の命を繋ぐために、命を捨てる女性の生きかたを、明治天皇に仕える女官たちが望ましき姿として受け入れ、歌に詠む。こうした営みの意味は、あらためて問われるべきです。

明治天皇による詠史の試みは、歴史に題材を採った和歌の催しというだけでは片付けられません。いざとなれば、天皇を守るために命を投げ出すこともいとわない。天皇に仕える女性たちは、自らの覚悟を、歌によって表明したのです。

美子が説く臣下のありかた

『内外詠史歌集』には、美子の歌は収められていませんが、内廷夜話が行われていた頃、一八七九年（明治一二）の詠として、「弟橘媛」と題した歌が『昭憲皇太后御集』に収められています。

船の上に君をとゞめてたちばなの　いまはとちりし心をぞおもふ
（筆者訳：船の上に尊を留め、弟橘媛がいまは別れの時と海に散った尊への深い思いを慕わしく感じます。）
（『昭憲皇太后御集』）

しかも、『昭憲皇太后御集』では、この歌の前に、それぞれ、「士族」「詠史」と題した二首が置かれています。

士族
小山田のかゝしに弓はゆづるとも　君につかふる道なわすれそ
（筆者訳：作物を荒らす鳥獣を防ぐために、山間の田畑に立つ案山子に、鳥獣を脅すための弓矢は委ねたとしても、天皇に仕える武士の道義は忘れることのないように。）

詠史
君臣のたゞしき道もかし原の　宮の昔やはじめなるらむ

（筆者訳：君主と臣下とのまっすぐな秩序に基づくありかたも、かつて橿原宮に皇祖神である神武天皇がこの日本を建国されたときを始めとします。）（同前）


この年の『昭憲皇太后御集』掲載歌には、歴史上の人物を題材とした歌が多く、「詠史」の次に「弟橘媛」と続くところからも、内廷夜話による詠史の影響が想像できます。美子の歌も、先の女官たちの「弟橘媛」の歌と、同時期のものだったのではないでしょうか。

そして、この「詠史」と題された歌からは、美子が、歴史を詠むことの意味、重要性を、十分に理解していたことがわかります。重要なのは、天皇を支える臣下のありようです。その意図するところは、たとえ廃刀令により、武士の特権とされた帯刀が禁止されたとしても、「天皇に仕える武士の道義は忘れるな」とうたう「士族」の歌にも明らかです。

歴史を詠むという営みを通して、建国の時代から続く君臣間の正しき秩序は維持されなければならない、とりわけ士族は、天皇への忠義を忘れてはならない、と彼女はうたっているのです。

そうであってみれば、天皇の最も身近にある「皇后」こそ、真っ先にこの秩序に則り、天皇を支える存在になる必要があります。

神話世界に描かれた日本のはじまりに思いをはせ、維新を経たいま、新たな国づくりに取り組む天皇の身近で、女性たちは、弟橘媛の身の処しかたを称え、行動の規範にしようとしています。それは、他者への献身、自己犠牲によって、自らの存在意義を主張する生きかたでもあります。美子は「皇后」として、自身をその筆頭に位置づけたのです。

内廷という天皇家の私的領域での試みが、和歌を通して広く知られることで、彼女たちの心構えや生きかたも、国民に伝わっていきます。この時期に美子が編纂させた道徳書である『明治孝節録』が、自己犠牲的な生きかたを選んだ女性を称賛していることは、第四章で詳しく述べますが、詠史という営みのなかでも、女性にとっては他への献身が美徳とされているのです。

時代を超える弟橘媛の物語

ところで、平成の代にも、弟橘媛の姿に深く心打たれた皇后がいました。ヤマトタケルと弟橘媛の物語は、長く、深く、その命脈を保ち続けていることに気づきます。

一九九八年（平成一〇）、国際児童図書評議会（ＩＢＢＹ）ニューデリー大会では、美智子皇后（当時）による「子供時代の読書の思い出」と題した基調講演が披露されました。

講演のなかで、幼き日に父に与えられた古代の物語として、弟橘媛とヤマトタケルの逸話を取り上げています。少し長くなりますが、以下に引きます。

悲しい「いけにえ」の物語は、それまでも幾つかは知っていました。しかし、この物語の犠牲は、少し違っていました。弟橘の言動には、何と表現したらよいか、建《たける》と任務を分かち合うような、どこか意志的なものが感じられ、弟橘の歌は――私は今、それが子供向けに現代語に直されていたのか、原文のまま解説が付されていたのか思い出すことが出来ないのですが――あまりにも美しいものに思われました。「いけにえ」という酷《むご》い運命を、進んで自らに受け入れながら、恐らくはこれまでの人生で、最も愛と感謝に満たされた瞬間の思い出を歌っていることに、感銘という以上に、強い衝撃を受けました。はっきりとした言葉にならないまでも、愛と犠牲という二つのものが、私の中で最も近いものとして、むしろ一つのものとして感じられた、不思議な経験であったと思います。

この物語は、その美しさの故に私を深くひきつけましたが、同時に、説明のつかない不安感で威圧するものでもありました。

古代ではない現代に、海を静めるためや、洪水を防ぐために、一人の人間の生命が求められるとは、まず考えられないことです。ですから、人身御供《ひとみごくう》というそのことを、私が恐れるはずはありません。しかし、弟橘の物語には、何かもっと現代にも通じる象徴性があるように感じられ、そのことが私を息苦しくさせていました。今思うと、それは愛というものが、時として過酷な形をとるものなのかも知れないという、やはり先に述べた愛と犠牲の不可分性への、恐れであり、畏怖《いふ》であったように思います。

（『橋をかける　子供時代の読書の思い出』）

いけにえという残酷な運命を甘受し、「恐らくはこれまでの人生で、最も愛と感謝に満たされた瞬間の思い出」を詠じる弟橘媛の姿に、「愛と犠牲」という二つのものがひとつのものとして感じられた、と語っています。

出会ったときの衝撃が忘れられず、その後もずっと胸の奥深くに物語を刻んでいるというのは、一個人の体験です。しかし、その思い出を語る人は、このとき、皇后という公の立場にありました。彼女の場合は、カトリックの影響もあると想像しますが、あえてここで媛とヤマトタケルの物語を披露していることに、思わず「象徴的」なものを感じます。「建《たける》と任務を分かち合うような、どこか意志的なもの」とは、国家平定という任務に、媛みずからも主体的に関わっていく姿であり、ともに任務を担うパートナーとしてあろうとする彼女の自負、矜持もそこに感じられます。

けれどその任務は、媛にとっては自己犠牲と表裏の関係にあります。パートナーであろうとしても、媛は決して、タケルとは対等ではないのです。現代において、弟橘媛の歌を「あまりにも美しい」と評すとき、その延長線上には、天皇を守ろうとする女性たちの、自己犠牲的な覚悟もまた、受け継がれているのではないか。そう考えるのは、行き過ぎでしょうか。

天皇家を、天皇を頂点とするひとつの父系家族のモデルとして眺めてしまうとき、そこにある男女の関係も、いまを生きる人々の意識の奥深くに影響を与え、無意識の偏見となりうることに、自覚的であるべきでしょう。

天皇と美子と『帝鑑図説』

話を戻します。

あるとき天皇は、『帝鑑図説』のなかの「感諫勤政」(諫めに感じて政を勤む)をふまえた「周姜后《きょうこう》」を題に和歌を詠むよう、美子に命じます。元田永孚はこのときのことを次のように記しています。

聖上御講書ノ内ニモ、特ニ帝鑑図説ヲ好マセ玉ヒ、此書ハ帝徳ノ亀鑑、其講義、亦、明詳ニシテ、解シ易キヲ以テ、余モ亦、反復尽言、余蘊《ようん》ナカランコトヲ欲シ、或ハ近世ノ事情ニ比喩シ、或ハ君徳ノ実際ニ照準シ、只管《ひたすら》、聖意ヲ感動セシムルコトヲ務ム。聖意、亦、毎々此書、太好ト称セラル、ニ至ル。然ドモ、其聖意ニ発明セラル、所、未ダ如何ヲ知ルベカラザルニ、或時、後宮ニ御題ヲ賜ヒテ、詠歌ヲ命ジ玉フニ、周宣王ノ朝政ニ怠リタルヲ、姜后《きょうごう》ノ身ヲ退テ、諫ヲ進メタルニ感ジテ、過ヲ改メ、政ヲ勤メタル所ヲ撰ビ玉ヒテ、皇后宮ニ感諫勤政ト云御題ヲ賜ヒタリ。

皇后宮、即其歌ヲ詠進シ玉フニ

身ヲツミテカザシノ花ヲ散サズバ　朝日ノ影モ匂ハザラマシ

（「当官日剳」）

永孚によれば、天皇は、講義で取り上げる書物のなかでもとくに『帝鑑図説』を好んでいた。たしかにこの書には、中国の帝王の威厳や優れた能力を示す模範が記されており、その説明も明確で詳しく、理解しやすいので、私としても、講義ではその内容を反復し、意味するところを言い尽くし、説明したりないところが無いようにしようと、あるときは、近い時代の事の次第にたとえて説明したり、あるときは、帝王としてのすぐれた人柄が表われているところに狙いを定めて説いたりと、ただひたすら、天皇の心を動かそうと努めた。天皇もまた、講義のたびにこの書を良書と言うようになった。けれど天皇が、その道理や意味を理解し、明らかに悟っているかどうかは、私には分からなかった。

そうしたところ、あるとき後宮で、天皇がこの題を与え、詠歌を命じた。周の宣王が朝廷の政治を怠っていたところ、姜后が自ら身を引くことで宣王を諫めたのに感動し、過ちを改め、政治に励むようになった箇所を撰び、皇后に「感諫勤政」を歌題として与えた、というのです。

永孚はこの出来事によって、天皇が『帝鑑図説』を十分に理解していることを知り、自身の講義が功を奏していることを喜びました。けれど「感諫勤政」の内容を思えば、後宮でこれを歌題に撰び、衆目のなか皇后に詠わせるのは、実はなかなかスリリングな試みといえます。

女官たちへの訓戒

『帝鑑図説』は、中国明代の政治家であった張居正《ちょうきょせい》が、幼くして即位した万暦帝への帝王学の教科書として、尭・舜以来の善政、悪政を撰び、挿絵を付したもので、周の宣王と后の姜にまつわる逸話を記した項が「感諫勤政」です。

宣王は姜后を寵愛したために、房事の愉しみに溺れ、早く寝床につき、早朝の政務に遅れて起床するようになります。そこで姜后は、宣王が好色ゆえに徳を失った姿を人々に知らせてしまったのは自分が至らなかったためであるから、罪人として自分を処罰してほし

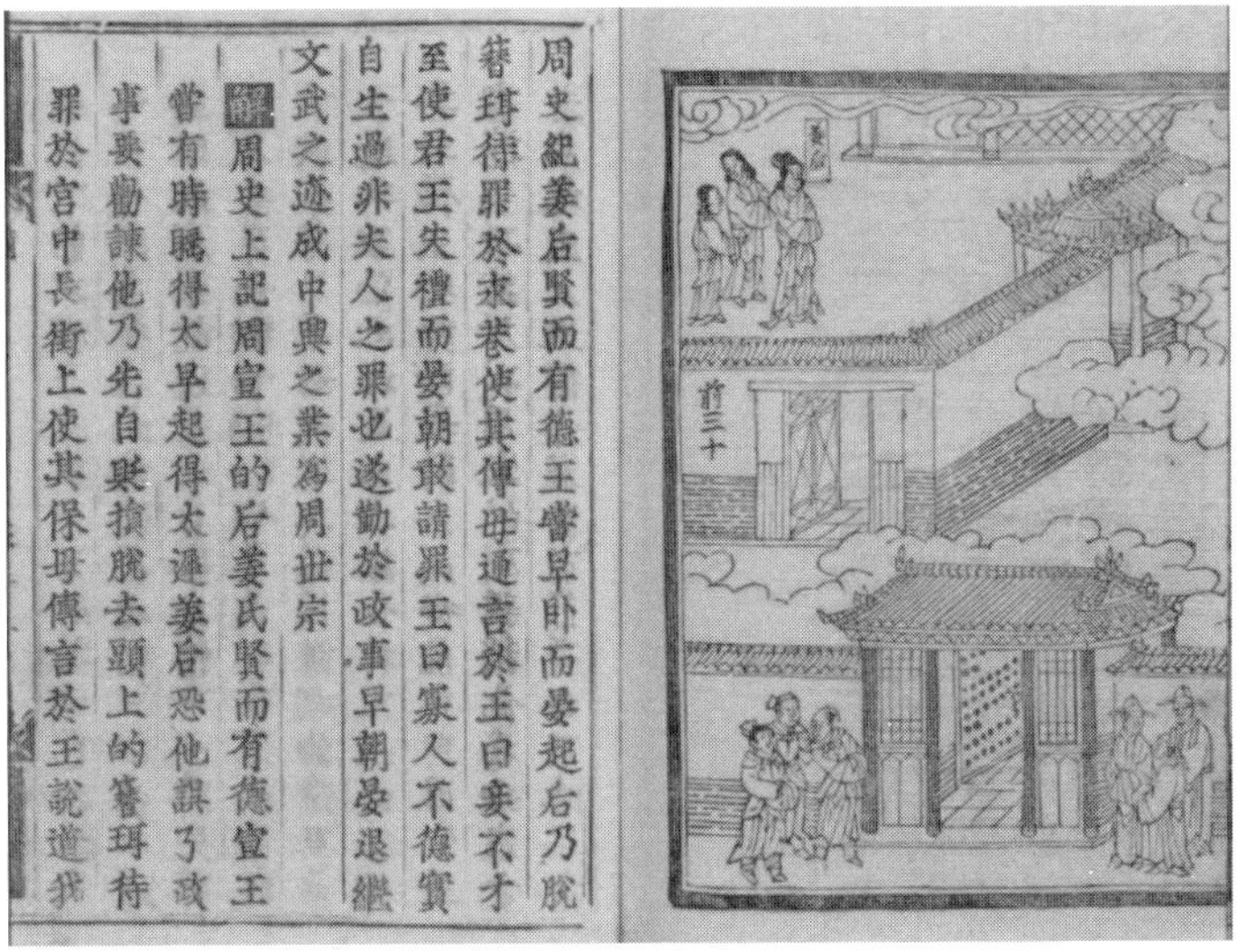

周史紀姜后賢而有德王嘗早卧而晏起后乃脫簪珥待罪於永巷使其傅母通言於王曰妾不才至使君王失禮而晏朝敢請罪王曰寡人不德實自生過非夫人之罪也遂勤於政事早朝晏退繼文武之迹成中興之業爲周世宗

解 周史上記周宣王的后姜氏賢而有德宣王嘗有時睡得太早起得太遲姜后恐他誤了政事要勸諫他乃先自與摘脫去頭上的簪珥待罪於宮中長街上使其保母傳言於王說道我

『帝鑑図説』「感諫勤政」

い、と、かんざしや耳に付ける飾りを外し、後宮の牢獄で、処罰がくだされるのを待ちます。姜后のこの行動を知った宣王は、自らの行いを反省し、以後は朝早くに朝廷に出、夜遅くなってから朝廷を退き、政事に勤めるようになり、ついには周王室の中興を果たしたというのです。

この逸話は、姜后の賢女ぶりを称え、后妃の守るべき規律を示す例話とされてきました。夜明けには、后妃は寝所を退き、君主が政務に専念できるよう務めるべきということですが、とはいえ現実には、王室の跡継ぎは必要です。仕事ばかりで女性に関心を示さないというのでも困ります。

また、一夫一妻多妾制のもとでは、寝

所に侍る女性たちが、君主の寵愛を得て跡継ぎを生もうと競い合うことも、ある意味必然です。いずれにしても、後宮での日常生活を想像させる生々しい話です。

天皇は、そうしたきわどい内容を理解したうえで、これを歌題としました。この場には、美子だけでなく、天皇の寝所に侍る女官たちも控えています。そこで美子は次のように詠みました。

身ヲツミテカザシノ花ヲ散サズバ　朝日ノ影モ匂ハザラマシ

（「当官日箚」）

（筆者訳：姜后が、自責の念から髪飾りの花を外して散らすことがなかったなら、宣王が早朝から政務にあたるという周王室の理想的な薫風もなかったでしょう。姜后の行いが、周王朝の中興をもたらしたのです。）

皇后たるもの、まさにかくあるべしとして、姜后の行いが周王室の理想的なありかたをかたちづくり、繁栄をもたらした、まず身を正すべきは、皇后だとしています。こうした評価は、美子にとっては自戒であり、この場にいる女官たちへの戒めでもあります。

『昭憲皇太后実録』は、内廷夜話が始まったことを記した一八七七年（明治一〇）九月の条に、このやりとりも記しているので、かりに同時期の出来事と考えると、美子は皇后となって一〇年余り、後嗣の誕生は、妾である女官たちに期待されている頃です。

現実にはすでに、葉室光子《はむろみつこ》、橋本夏子《はしもとなつこ》、柳原愛子《やなぎわらなるこ》といった女官たちとの間に皇子や皇女は生まれていました。しかしいずれも死産、あるいは生まれて間もなく亡くなっており、折しも同じ年、一八七七年（明治一〇）の九月に愛子が第二皇子（親王建宮敬仁《たけのみやゆきひと》）を出産していますが、翌年には亡くなっています。皇統の継承という点では、まったく安心できる状況ではありませんでした。（第二章末尾の「明治後宮における女官と皇子・皇女の一覧表」参照）。

したがって、歌題を与えた天皇自身も、実はプレッシャーを感じていたと思います。跡継ぎはもちろん必要ですが、そのことばかりにかまけているわけにもいきません。いっぽう後宮においても、次期天皇を生むのは私、とばかりに、女性たちが天皇の寵愛をめぐって張り合い、宮中の秩序を乱すような事態が生じることも、避けなければなりません。

柳原愛子

ここで鍵となるのは、美子です。

美子は、女官たちのように、天皇の寵愛を競い合うような水準にはありません。美子は、唯一無二の「皇后」です。皇后にとっての第一義は、皇統を存続させ、国家の安寧と繁栄をはかるためにどうするかを考え、実行することである、と考えていたはずです。

そこで美子は、天皇の求めに応じて、自らが先頭に立ち、天皇を取り巻く女性たちに、宮中での女性はどうあるべきかを、姜后の故事を通して示したのです。そしておそらくは天皇も、こうした美子の対応をなかば予測したうえで、このきわどい歌題を与えたのだと思います。その意味で天皇と皇后は目的を同じくしていたのであり、天皇にとって美子は、まさに「価値のある支柱」（『ドイツ貴族の明治宮廷記』）であったといえます。

女性同士の競い合いの場から、美子が異なるところにあったことは、宮中の様子を漏れ聞いた東京女子師範生の思い出にもうかがえます。

梶の命婦の話でも、何かにつけ女官同士の競争とそねみあいはものすごいものだそうでした。皇后が病身で子がないところから、誰が皇子を生むかが問題で、女官に子供ができても無事に生めないように、朋輩があらゆる妨害を加えることは、『源氏物語』の時代そっくりらしく、明治天皇に幾人皇子があってもただ一人のほか育たず、そのまま一人も病弱だったのはふしぎでないということでした。ただ皇后だけは女大学そのままの貞女で、妊娠中の女官までもいたわられたが、他の女官の風当りはひどかったということ。また問題を起こさないために、皇后だけは美人をえらぶが、女官には美人をおかず、美人でないことが採用の条件になっているという話でした。

（『おんな二代の記』「大内山の裏ばなし」）

嫉妬のさまを感じさせることなく、妊娠中の女官をいたわる美子の振る舞いが、「皇后だけは女大学そのままの貞女」と評されていますが、皇后であれば、誰もが美子のように振る舞ったかといえば、それは違います。

かつて美子に女官として仕えた山川（旧姓・久世）三千子が、宮中での日々を回想した手記（『女官』）には、大正天皇が人目も憚らず、しばしば三千子に好意を示したので困ったとの挿話が記されています。

あるときなどは同僚から、皇后（節子《さだこ》）の顔をご覧なさい、と言われたとあり、節子が三千子に向けた厳しい視線と、その場の張り詰めた雰囲気が伝わってきます。節子もあからさまに、「あの生意気な娘は、私は大嫌いだ」と言って、三千子を嫌ったそうです。

節子は四男子を儲けていますので、少なくとも跡継ぎという点では、妾を必要とはしませんでした。もちろん、美子と節子の性格の違いもあるでしょう。美子は、実子をもたなかったので、妾らの争いからは距離を保つことができ、皇統の継承のみに専念できたのかもしれません。その意味でも、天皇にとっては望ましき存在だったといえましょう。
とはいえ、美子が自覚的に、自分なりの皇后像を作り上げ、体現しようとしていたことは見逃せません。その根っこには、天皇が歌題としたような中国の列女像がありました。そしてそれは、次章で紹介するとおり、幼き日より美子がたたきこまれた「学問」、漢学の世界に基づくものでした。

講義の効果

ところで永孚は、美子の「身ヲツミテ」の歌に続けて、天皇が『帝鑑図説』の「納諫賜金」（諫めを納れ金を賜う）をもとに与えたもうひとつの歌題にもふれています。

又、漢袁盎《えんおう》ガ慎夫人ノ坐ヲ屛《しりぞ》ケテ、文帝ヲ諫メシ所ヲ択ビ玉ヒテ、納諫賜金ト云題ヲ賜ハリタルニ又（「当官日劄」）

これは中国の歴史書『史記』に記され、日本でも「袁盎《えんおう》却坐」（袁盎、坐を却ける）として知られた故事をもととします。
漢の文帝が、妾の慎夫人と同座している姿を目にした臣下の袁盎は、夫人の座を退けます。そして、機嫌を悪くした文帝と、怒りの表情を浮かべる慎夫人に向かって、后は帝と並んで座るが、妾は並んでは座らない、あなたは后ではなく妾である、と慎夫人の振る舞いを非礼であると批判します。文帝はこの諫言を受け入れ、袁盎に褒美を与えたという話です。

ここに、天皇の意図するところは明らか、といえるのではないでしょうか。

「皇后」である美子は、他の女官とは、同列にはなりえないのです。たとえ天皇の寝所にはべり、天皇の子を産んだとしても、女官は女官であって、皇后と対等になることも、皇后を超えることもありませんし、あってはいけないのです。永孚はこの歌題の和歌を記していませんが、天皇は内廷夜話の場を使って、女官や近臣たちに、後宮の秩序を乱してはならない、と伝えているのです。

永孚は、続けて次のように記しています。

右ノ如ク択ビ玉フ題意モ、詠ジ玉フ歌旨モ、諫ヲ納レ、過ヲ改メ、政ヲ勤メ、徳ヲ進メ玉フノ言ニ非《あらざ》ルハナキハ、真ニ学ヲ好ミ玉ヒテ、発明セラル、所ノ効現《こうげん》ト覘《うかが》ヒ奉ル可キナリ。殊ニ琴瑟《きんしつ》鐘鼓ノ楽ミニモ勝レル歌詠ノ間ニ、和楽内助ノ涵泳《かんえい》顕ハレ玉フコト、天下ノ基本、カク迄御親睦ニ在ラセラル、上ハ、ナドカ御徳化ノ普及セザル可キヤト、感戴《かんたい》シ奉ルナリ。

（「当官日箚」）

ここでいう「発明」とは、物事の道理や意味を明らかにし、悟ることの意でしょう。天皇が与える歌題や御製からは、すでに諫言を受け入れ、誤りを改め、政事に勤め、徳をすすめようとの意志が明らかであり、本心から学問を好み、物事の道理や意味を明らかにし、悟るところの様子を明確にうかがうことができること。とくに、音楽の楽しみにもまさる詠歌によって、和やかに楽しく、皇后の学問をじっくりと味わう姿も外に表わされたことは、国家の基本であって、ふたりがこうして親しみ合い、仲睦まじくある以上、どうしてその徳により、日本中の人々に影響を与えないなどということがあろうか、必ずやふたりの徳は、広く国民に及び、彼らの考えや行動に影響を与えることだろう。そう考えると、講義を担当してきた身としては、君恩ありがたく、ふたりを尊ばずにはいられない、と、永孚はこれまでの講義の日々を思い、感慨に浸っています。

侍読、侍補として天皇と皇后の教育にあたった永孚は、国の根幹はこの二人のありかたにかかっていると考えていました。その意味で内廷夜話の試みと、そこで披露された詠歌にみるふたりの姿は、永孚にとって望ましいものでした。

学問を通して徳を身につけ、権威を高めつつある天皇を支える「皇后」としてのありかたは、美子が十代の頃から「学問」によって身につけ、形づくってきたものでした。彼女はここに至るまで、どのように教え導かれ、何を学んできたのでしょう。時間を少し遡って、彼女の学びの歩みをみていきましょう。

第二章　ふたりの指導者と「嫉妬はするな」の教え

美子は幼き日、そして入内後には、どのような教育を受けていたのでしょう。美子には、和歌や漢学、書道や礼式など、学問技芸を授ける多くの指導者がいました。そのなかには、彼女に大きな影響を与えたふたりの「師」もいます。幼き日に出会った若江薫子《わかえにおこ》と、天皇と皇后の教育係も担当した元田永孚《もとだながざね》です。薫子も永孚も漢学を専門としました。彼らは、中国の書物、なかでも女性に向けて書かれた教訓書を教材として、女性はどうあるべきか、皇后はどうあるべきかを、美子にたたき込もうとしました。彼らが説いた教えのひとつが、「嫉妬はするな」です。けれどそれは、一般にイメージする、ひとりの男性を間に女性同士がつばぜり合いを繰り広げ、周囲の嘲りを買う姿を戒める類とは違います。薫子や永孚の頭にあったのは、この国の将来でした。新たな国づくりに携わる女性、唯一無二の「皇后」として、果たすべき役割を期待され、教育されたのです。

「大事ノ爺々」元田永孚《もとだながざね》

内廷夜話の開催を提案した元田永孚は、さかのぼること一八七三年（明治六）、五六歳のときに皇后美子の侍読となりました。二年前に宮中に出仕したのは天皇の侍読になるためでしたので、ここに永孚は天皇と皇后、二人の侍読となったわけです。

美子の侍読に就任した折りに、美子が内々伝えた要望を、永孚は自伝の「還暦之記」に記しています。

> 皇后内旨ヲ伝テ曰、嘗テ、西京ニ在テ、帝鑑図説ヲ読ム。今此書ヲ講ゼンコトヲ欲ス。且、音読ニ達セズ。故ニ音読ヨリ教導セヨ、ト。永孚謹テ、旨ヲ奉ジ、乃帝鑑図説ノ首巻ヨリ、永孚先ヅ、声ヲ発シテ一読スレバ、皇后宮、亦斉シク玉音ヲ発シテ、永孚ガ口誦ヲ受誦シ給ヘリ。畢《おわり》テ、其講義ヲ附演シテ、反復講論シ、聖意ノ感発アルヲ待テ止ム。
>
> （「還暦之記」）

美子は、かつて京都にいたときに『帝鑑図説』を読んでいたので、今回もぜひその講義を受けたい、講義の際には、熟達しなかった音読から教え導いてほしい、といいます。

そこで永孚は、『帝鑑図説』の最初の巻からまずは自分が音読し、続けて美子が音読する、そして素読の後に解釈を示し、説明を加え、美子が刺激を受けて心動かされたところで講義を終えるようにした、というのです。

素読重視の学習法は、日本で古くから行われてきました。美子には、後述する「女四書」をめぐって、訓点は理解の妨げになり目障りだからという理由で、無点本を手に入れようとした逸話が残っています。（上田景二『昭憲皇太后史』）したがって、ここで教材とされた『帝鑑図説』も、おそらく返り点や送り仮名は付されていない白文で、永孚の読みを通じて美子は内容を理解しようとしたのでしょう。美子には、漢文を読む基礎的な学力に加えて、原典を精読することでその真意を理解したい、との意欲があったのです。

『帝鑑図説』は、第一章でもふれたとおり、永孚が明治天皇への講義でも教材とした書でした。中国で、幼くして即位した皇帝に、帝王学を学ばせるために編まれた『帝鑑図説』は、新たな国づくりに取り組む明治天皇にとっても、学ぶにふさわしい書といえます。

そうした選書方針を思えば、皇后となった美子が読もうとしたのも頷けます。けれど気になるのは、入内する前から、美子がこれを読んでいたというくだりです。公家の家格の頂点に立つ五摂家のひとつ、一条家に、左大臣忠香《ただか》の三女として生まれまた美子は、和文だけでなく、たしかに幼いときから漢学も学んでいました。

けれど、言ってみれば公家のお嬢さんに、治政の助けとする事例を集めた『帝鑑図説』までも教材とする必要があったのか。そう考えると、なんだか少し似つかわしくないような気がします。美子が『帝鑑図説』に接した時期にもよりますが、いずれは皇后に、という美子の将来像を描く者たちが、密かに選択した教材ではなかったか、などと想像したくなります。

ただ、いずれにしても美子は、宮中での教材に『帝鑑図説』を選びました。

皇后、天資睿敏《えいびん》、学ヲ好ンデ倦《う》ムコト無ク、侍読ニ出ル毎ニ、楽ンデ之ヲ待チ玉ヒ、常ニ曰ク、汝ノ侍講ニ出ルヲ、楽ンデ待テリ、ト。又曰ク、書ヲ見ルノ楽ミヨリ、楽ミハ無シト。

（「還暦之記」）

永孚の自伝には、美子は、知能も行動力もともに優れており、学問を好んで飽きたり怠けたりすることがない。私が侍読として講義に出向くのを楽しみに待たれている。そしていつも、あなたの講義を楽しみに待っている、書物を読むのは私にとって何よりの楽しみである、と永孚に語ったとあります。

永孚は、一八七一年（明治四）の宮中出仕以降、一八九一年（明治二四）に七四歳で亡くなるまで、侍読・侍補・皇后宮大夫として天皇と皇后の身近にありました。永孚が美子の侍読となったとき、美子は二四歳でしたから、それから二〇年余り、まさに明治という時代の草創期をともに歩んできた側近といえます。美子は、一〇代半ばで父の一条忠香を亡くしていますので、忠香と年齢の近い永孚に、父親の面影を見ていたのかもしれません。
天皇と皇后が永孚に寄せる信頼の厚さは、永孚の自伝にもうかがえます。

皇后陛下御手酌ニテ、御盃ヲ賜ヒ、師匠ト御呼ビアラセラレタリ。御寛話縷々《るる》トシテ、其特恩ニ感戴《かんたい》シ奉リ、薄暮ニ至テ宮ニ、還ラセ玉フ。
（「古稀之記」）

両陛下、常ニ元田ハ大事ノ爺々ナリ、病《イタ》マセテハナラヌ、ト御沙汰ナリ。
（同前）

一八八四年（明治一七）一一月、美子の召しにより宮中で行われた観菊の催しの折りの出来事を、永孚は回想しています。このとき美子は永孚を「師匠」と呼び、手ずから酌をし、寛いだ雰囲気のなかで言葉を交わしました。永孚はこうした美子の振る舞いに、いたく感激しています。そして美子だけでなく天皇も、永孚を「大事ノ爺々」と呼び、その健やかなることを願っていました。

副島種臣《そえじまたねおみ》の「神怪」が語る美子と永孚

美子が永孚を信頼するさまは、他の近臣にもそれと知られていたようです。明治政府の参与で、参議や外務卿なども務めた副島種臣に、興味深い挿話があります。

皇后陛下、嘗テ永孚ニ宣マク、副島言フ、元田ハ誠ノ篤キ人也ト。真ニ其言ノ如シト。余、拝謝シテ曰、臣常ニ誠ナランコトヲ欲シ、之ヲ学ブト雖ドモ、未ダ能ハザル所ト。副島、素ヨリ神ヲ好ミ、時々神怪ヲ言ヘリ。嘗テ曰、皇后宮ハ神功《じんぐう》皇后ノ再生ナリ。又、余ヲ称シテ曰、兄《けい》ハ畠山重忠《はたけやましげただ》ノ再生ナリ。又曰、兄ハ和魂ノ団結シタルナリ。柔和ノ神魂ヲ以テ、両陛下ヲ纏繞《てんじょう》シ得テ、物事ヲ做《な》サント欲スルナリト。蓋《けだし》、余ガ性、慈愛ヲ好ンデ、万事是ヨリ拡充シテ保合シ得ント欲ス。副島、夙《つと》ニ之ヲ看破セシナリ。

（「古稀之記」）

かつて副島が、美子の前で、永孚を誠実な人と評したことがありました。美子は、副島の永孚評を受けて、私もまさにその通りの人物だと思う、と永孚に語ったところ、永孚は、心から感謝しつつ、私も常に誠実でありたいと思い、そうあるためにいかにすれば良いかを学んでいるけれど、いまだ十分にはできずにいます、と答えます。

面白いのは、これに続く副島の「神怪」です。

副島は、もともと神を信仰しており、時々神のお告げめいたことを口にしていたようです。あるとき、美子は神功皇后の生まれ変わりであり、永孚は畠山重忠の生まれ変わりであって、永孚は静穏で柔和な徳を備えた魂と結びついている。柔和な神霊によって、天皇と皇后にまといつくことができ、物事を実行していこうとしている、と語ったのです。

副島の「お告げ」を聞いた永孚は、たしかに自分には慈愛を好む性質があり、その慈愛を万事物事に広め、助け合い保っていこうとしている。副島のことばは、ずっと前から、そうした私の性行を見抜いたうえでのものであった、と思うわけです。

永孚も、副島の「お告げ」を鵜呑みにしているわけではありません。けれど、美子を、神託を受けて朝鮮半島に出兵し、成果を上げて帰国した神功皇后の生まれ変わりと称することは、国家草創期の皇后にとっては、その威光を示すのに効果的です。

たとえば、日本で初めて紙幣に描かれたのは神功皇后でしたし、一八七八年（明治一一）発行の「神功皇后起業公債五百円証書」には、左手には文書を持ち、右手は地球儀の上、足元には燭台やハンマーを置き、農民や蒸気機関車を見下ろす神功皇后が描かれています。海上には帆船も浮かび、殖産興業の広がりとともに、軍事力による海外侵略といった政策もそこにはうかがえるように思います。

しかも副島は、琉球王国をめぐる清国との対立時にも神功皇后を例に引き、美子に渡海を提案したりもしています。実際の軍事行動を美子に求めるのは、いささか飛躍しすぎですが、美子は今の代の神功皇后であるとの発想は、美子の権威を高めるうえで、広く一般にアピールできるたとえといえます。

1878年（明治11）発行「神功皇后起業公債五百円証書」（お札と切手の博物館蔵）

いっぽう永孚は、鎌倉幕府の有力御家人として忠を尽くし、清廉実直、模範的な武士との誉れ高い畠山重忠の生まれ変わりというわけです。頼朝を天皇、皇后に置き換えれば、永孚はまさに忠臣の鑑ということになります。

天皇と皇后の寄せる信頼が厚ければ厚いほど、永孚の、そして永孚を中心とする侍補たちの発言や行動は、実際の政治に影響を与えることになります。天皇が直接政治を執り行う体制をめざす侍補たちは、親政実現のあかつきには、侍補も天皇を補佐する機関として、政治的な役割を手に入れることを構想していました。

たとえば、天皇が閣議に臨む際には侍補も同席し、議論の内容を把握することを求めるなどしましたが、この要求は、政府への宮中の介入を嫌う伊藤博文はじめ政府の要人らによって退けられます。

とはいえ、維新を断行し、近代国家となることをめざすなかで、ともに拠りどころとしたのは、権威の源としての天皇であった点は同じです。侍補側であろうと政府側であろうと、この変革期を乗り切るためには、天皇の権威が必要だったのです。

だからこそ、明治天皇の徳を育て、さらに美子をその「妻」にふさわしい皇后に育て上げることは、喫緊の課題でした。そこで永孚は永孚なりに、美子の教育にも力を尽くし、美子も永孚を「師匠」と敬うほどに、その教えをたいせつにしました。

もちろん、多くの人がそうであるように、美子もまた、多くの指導者と出会い、そうした人々から何かしらを学びとり、成長していったはずです。けれど、皇后となるために施される教育は、美子ただひとりを対象とするものです。薫子も永孚も、唯一無二の存在をどのように導くかという点で、確固とした信念をもつ指導者でした。

めざすべきは子孫繁栄

永孚は、天皇と皇后への講義に留まらず、女官教育にも積極的に取り組んでいます。

皇上ノ前ニ出テハ、論語、及国史ヲ講述シテ帝王ノ道ヲ論ジ、退テ侍補ト共ニ君徳補益ノ要ヲ説キ、皇后ノ前ニ於テハ、常例進講ノ外ニ、時々後宮ニ侍坐シ、女官ヲ集メテ、南亭余韻、女四書等ノ明訓ヲ掲ゲテ、談話ノ中ニ薫陶ヲ謀リ、毎日朝八時ニ参内シテ、夕五時ニ至リ、専ラ宮中ノ和協ヲ務メ、屢《しばしば》、皇后ノ密旨ヲ承ケ、寵愛旧ニ陪（ママ）セリ。時々御前ニ於テ、陪食ヲ賜ハリ、御膳中ノ魚菜ヲ分チ賜ヒ、新樹典侍、早蕨権典侍ノ給仕ヲ受ケタリ。

（「古稀之記」）

永孚は、天皇には『論語』や「国史」を教材にした講義を行い、帝王学を論じ、天皇が政務を終えた後には、他の侍補とともに、内廷夜話などを通じて君徳の培養に努めます。皇后には、通常の講義のほか、後宮で女官たちをもまじえ、『南亭余韻』や『女四書』の明訓を取り上げ、談話を通して道徳的な教育を施したりしています。

朝八時には参内し、その後は宮中の和を保ち、一致協力して事に当たる雰囲気づくりに力を尽くしていた、といいます。そうした働きぶりのなかで、しばしば美子から内々の命を受けるようになり、手厚く扱われるようになっていきます。

時には、天皇皇后の食事に同席し、お膳の料理を分け与えられる機会もあり、「新樹典侍」こと高倉寿子《たかくらとしこ》や、「早蕨権典侍」こと柳原愛子《やなぎわらなるこ》に給仕されることもあったというのです。

寿子は美子の在京時からの側近ですし、愛子は大正天皇の実母です。いずれも女官のなかで高位にある女性たちで、永孚への厚遇ぶりが察せられます。

ここで永孚が教材のひとつとした『南亭余韻』は、米沢藩の藩主で名君といわれた上杉《うえすぎ》治憲《はるのり》（鷹山《ようざん》）が、子女や家臣に与えた戒めを記したものです。永孚は、この『南亭余韻』に収められた女訓を書写し、美子に献上しています。

是より先七月、三等侍講元田永孚、宮中関雎《かんしょ》の和を専らにして、螽斯《しゅうし》の御繁栄あらんことを陳じ、且、米沢藩主上杉治憲〔鷹山〕の女訓を手写して上り、以て御修徳に資し奉る。乃ち之を喜納あらせられ、本日其の御所感を詠じたまへる御歌三首を染筆あらせられ、之を永孚に賜ふ。御歌に曰く、

大かたの花のゐまひにならはなん　色なき枝は人もすさめず

（筆者訳：あたり一面の花が咲くのに見習うように、女性たちの微笑にならいましょう。花が咲かず色のない枝は、誰も愛でないように、微笑みのない女性も、誰も愛しはしないでしょうから。）

たらちねの親に逢みる心ちして　くりかへしけりふみの一巻
（筆者訳：懐かしき親に再会するような心持ちがして、繰り返し繰り返し手にする書物ひと巻きであることよ。）

ひたすらに猶こそたのめはゝかりの　関をも越て告んまことを
（筆者訳：一途になんといってもあてにしましょう。母雁が関を超えて真実を告げるように、母から娘への真心のこもった庭訓を。）

（『昭憲皇太后実録』明治九年一〇月三日条）

ここで注目したいのは、永孚の講義の目的が、「関雎《かんしょ》の和」による「螽斯《しゅうし》の御繁栄」を説くことであった点です。

「関雎」とは、『詩経』巻一「周南」の最初の詩「関雎」にもとづきます。吉川幸次郎の解説（『詩経国風　上』）によれば、この「関雎」は、領主のために幸せな結婚を祈る歌で、周王朝の基礎をつくった文王と、その妻の大姒《だいじ》を讃える歌といいます。「螽斯」も、同じく『詩経』「周南」にあり、「螽斯之化」といった熟語でも知られるとおり、子孫繁栄を言祝ぐことばです。

吉川幸次郎は解説で、「君主は多くの妻をもつという古代の制度の下では、子孫繁昌の前提として、君主の后妃、すなわち上位の正妻たちが嫉妬せず、妾たちにも多くの子を生ませることが必要であったが、この歌は、嫉妬しない后妃をたたえたもの」（『詩経国風』上）という解釈を採用しています。

永孚の講義の主眼は、端的に言ってしまえば、夫婦仲良く、さらに子孫繁栄であるよう、皇后は妾に嫉妬しない、妾同士も互いに嫉妬し合うな、ということになります。後宮の平穏を保つためには、美子の教育だけではすみません。いやむしろ、妾となる女官、さらにその取り巻きとなる女官の教育こそ重要です。

第一章でも紹介した『おんな二代の記』によれば、当時の後宮では、美子に子がないことから、妾たちにとっては誰が皇子を生むかが重大事でした。かりに妊娠しても、無事に生めないよう、朋輩がさまざまな妨害を加えた、けれど皇后だけは、妊娠中の女官をいたわった、という梶の命婦の話が思い出されます。

そうした当時の実態をふまえれば、永孚の訓戒は、美子よりはむしろ、天皇の寝所に侍る女官たちに向けたものといえましょう。美子ひとりでは後宮の安定は保てません。美子が皇后として、嫉妬することなく、毅然とした態度を貫いたとしても、女官たちが天皇の跡継ぎをめぐって諍《いさか》いを起こしたり、対立したりするようでは困ります。だからこそ永孚は、美子への講義だけでなく、わざわざ女官たちを集め、雑談の風を装いながら、教育を施そうとしたのでしょう。

上杉鷹山が孫娘に贈った教え

さて、上杉鷹山の『南亭余韻』とは、どういった書だったのでしょうか。『南亭余韻』とは、上杉による教訓集の総称です。ここに具体的な書名は上がっていませんが、おそらくは「桃之嫩葉《わかば》」や「老が心」など、嫁ぐ孫娘たちに贈った訓戒をさしていると想像します。

たとえば「桃之嫩葉」には、次のような一節が見られます。

夫、関雎の篇は、詩経三百篇の第一義にして、文王の后、大似（ママ）といへる、幽閑貞静の徳ましく〱て、露ほども、妒忌《とき》の行なく、能《よく》衆妾を和合ましく〱、猶も賢女を求《もとめ》得て、共に文王に事《つか》へ給はん事のみ、寤寝《ごしん》にもとめ玉ふといへり。さればこそ、螽斯の栄、子孫衆多におはしましぞかし。女のかゞみ、此上やあるべき。女は心せまきものにて、妒忌《とき》の情あり。ねたみいむ心より、身をもほろぼし、後の世までも、悪しき名を伝へ、人の笑となりたる、少からず。慎むべく、恐るべきハ、妒忌《とき》の心なり。夫、主を思ふの真実なるときは、おのづから妒忌《とき》の心生ぜず。我に勝れるをゑらびて、共に夫、主に事へなんと思ふ心、ふか丶るべし。

（「桃之嫩葉」）

文王の后の大姒《だいじ》は、これっぽっちも嫉妬による行いはせず、多くの妾たちと仲良くし、さらに賢女を探し出し、そうした賢明な女性とともに文王に仕えることだけを、寝ても覚めても思い、ふさわしい女性を探していたといわれている。だからこそ、子孫を多くすることができたのであり、まさにこのうえない女性の鑑といわれたわけだ。女性は心の狭い者で、嫉妬の思いを抱く。人を妬む心から身を滅ぼし、後世にまで悪名を残して、人の笑い者となった例は少なくない。だから、慎み恐れるべきは、嫉妬心だ。夫への思いが真実ならば、自然と嫉妬の心は生まれない。自分よりもさらに優れている女性を選び、ともに夫に仕えようと思う心こそ、深いものなのだ、と上杉は孫娘に書き送っています。

永孚は、こうした諫言を引きながら、女官たちに、真に天皇のことを思うならば、嫉妬の気持ちなど生まれようはずがない、嫉妬心が生じるのは、天皇への誠心が足りない証拠である、といった論法で、嫉妬を戒めたのだと想像します。

当時の宮中では、天皇の子が生まれても、死産や幼くして亡くなることが相次いでおり、永孚が美子に「南亭余韻」を贈った一八七六年（明治九）当時、後嗣となる皇子はいませんし、永孚の「古稀之記」が記す、後宮で女官向けの講義が行われた時期、すなわち一八七八年（明治一一）も、前年に誕生した建宮敬仁親王《たけのみやゆきひと》が七月に亡くなっています。（本章末尾の「明治後宮における女官と皇子・皇女の一覧表」参照）

永孚からすれば、嫉妬云々など言っていられる状況ではないのです。なんとしても後嗣の誕生が待たれます。少なくとも永孚から「上杉鷹山の女訓」を贈られた美子は、その意味するところを理解し、周囲の女官たちの魅力ある笑みにならおうと詠っていますし、『南亭余韻』の記すところを、「たらちねの親」「母雁」から娘への女訓になずらえ、受け入れようとしています。

したがって、残るは女官たちです。一時の嫉妬によって身を滅ぼすことのないように、後々まで悪名高い笑い者とならないように、互いが天皇の寵愛を競い合い、結果として皇子の誕生を妨げることなどないように、と永孚は戒めたのです。

ところで、上杉は、「桃之嫩葉」を書き記したいきさつを次のように述べています。

ことし文化五の夏、我家の孫女、嫁するに臨て、常に心に留め置べき事、書記してよと求るにぞ、予、聞事のすくなき、其益あらんほどの事もあらねど、切《せつ》にもとむるの志を感じ、稲舟のいなむべきにもあらねば、曹大家《そうたいこ》の女誡などにもとづき、其有様を、解し易からんよふに、和語にあらはし、其他古人の云置し事ども取集めて、此行のはなむけとなし侍る。

（『桃之嫩葉』）

他家に嫁ぐ孫娘から、日頃から心に留めておくべきことを書いてほしいと頼まれ、自分としてはさほど有益なことがらもなかったが、孫娘が一所懸命に求めるので、「曹大家の女誡などにもとづき」、分かりやすいよう和語にし、そのほか古くから言い伝えられている教えなどを集めて、孫娘への結婚のはなむけとした、というわけです。

では、ここで挙げられた「曹大家の女誡」とは、どういった書なのでしょう。

中国の女訓書「女四書」

「曹大家の女誡」とは、中国初の女性歴史家である後漢の班昭（曹大家《そうたいこ》）が、娘のために記した『女誡《じょかい》』をさします。そして、一七世紀に王相が、この『女誡』と、唐の宋若昭撰とされ、一般的な日常生活の心得や具体的な行動のしかたを説いた『女論語』、明の徐皇后が、先君の高皇后に学んだ礼法をもとに後宮の長の心得を記した『内訓』、明の王集敬の妻の劉氏が、模範的な先人の事蹟をを撰じた『女範捷録《じょはんしょうろく》』をまとめて編纂したのが『女四書集註』でした。

したがって永孚が、「女官ヲ集メテ、南亭余韻、女四書等ノ明訓ヲ掲ゲテ」と、自伝の「古稀之記」で『南亭余韻』と「女四書」を並記しているのは、鷹山による女訓が、そもそも「女四書」に学ぶことが多く、その教えに共通する面があったからであることがわかります。

『女四書集註』は、「女四書」として、中国のみならず日本でも広く読まれました。日本では、一七世紀の半ばに、儒学者の辻原元甫《つじはらげんぽ》が、四書のなかの『女範捷録』を、唐の鄭氏が王妃になる姪のために、おもに後宮での生活の心得を説いた『女孝経』に差し替えて、和文による「女四書」として紹介しました。この辻原版は、日本での「女四書」の普及に寄与しましたが、その内容は、意訳に加えて原書と異なる点のあることが指摘されています。

たとえば、幕末の思想家で、自らも『女訓』という一書を著した佐久間象山《さくましょうざん》は、女性の学びについて、次のように述べています。

からのふみも、力ある人は、四書、小学、女孝経、女論語、女戒、閨範、烈女伝の類、必ずよみてゐきおほし。ちかきころは、かなもて訳したる本もあれば、それにて見るもよろしきなり。（『女訓』）

儒教の基本書である「四書」、すなわち『論語』『孟子』『大学』『中庸』と、初学者向けの修身作法書である『小学』に加えて、女訓書や烈女伝を挙げ、漢文を読みこなせる学力があるのなら原文を、それが難しいときには和文の注釈によって読むことを、女性に勧めています。

「女四書」についてはその後一六五四年（嘉永七）に、金沢藩の漢学者であった西坂成庵《にしざかせいあん》が、『女四書集註』に訓点と頭注を加えた『校訂 女四書』を公刊します。西坂は、辻原版のようなおおよその訳や要約では「女四書」の真意は伝わらない、むしろその価値を下げてしまう、との思いから、原文の紹介が必要と考えたのです。

この西坂版は後に、美子も手に入れています。美子が七歳のときから一条家に漢学の師として仕えた貫名右近《ぬきなうこん》が、「女四書」をめぐる逸話を伝えています。

右近の、寿栄姫君《すえひめぎみ》〈筆者注：美子のこと〉を教導するや、女子徳育の要書として、先づ女四書を択び、傍ら他書に及びしが、其頃、女四書は得難き珍書なりしに、加州金沢の前田家にて、初めて翻刻せり。海屋〈筆者注：右近の父・貫名泰次郎〉の助言にて、金沢より取寄せて、御用ひありたりと云ふ。是に付き、一の逸話あり。其女四書には訓点ありしに、寿栄姫君は、訓点は却つて目障りにて、了解に妨げあり。願くば、無点本を得たし、と仰せられたりと云ふ。是も、昭憲皇后、漢学の素養如何を語るべき一話柄とす。

（『修養宝鑑明治両陛下聖徳記』「両陛下に関する追懐の数々」）

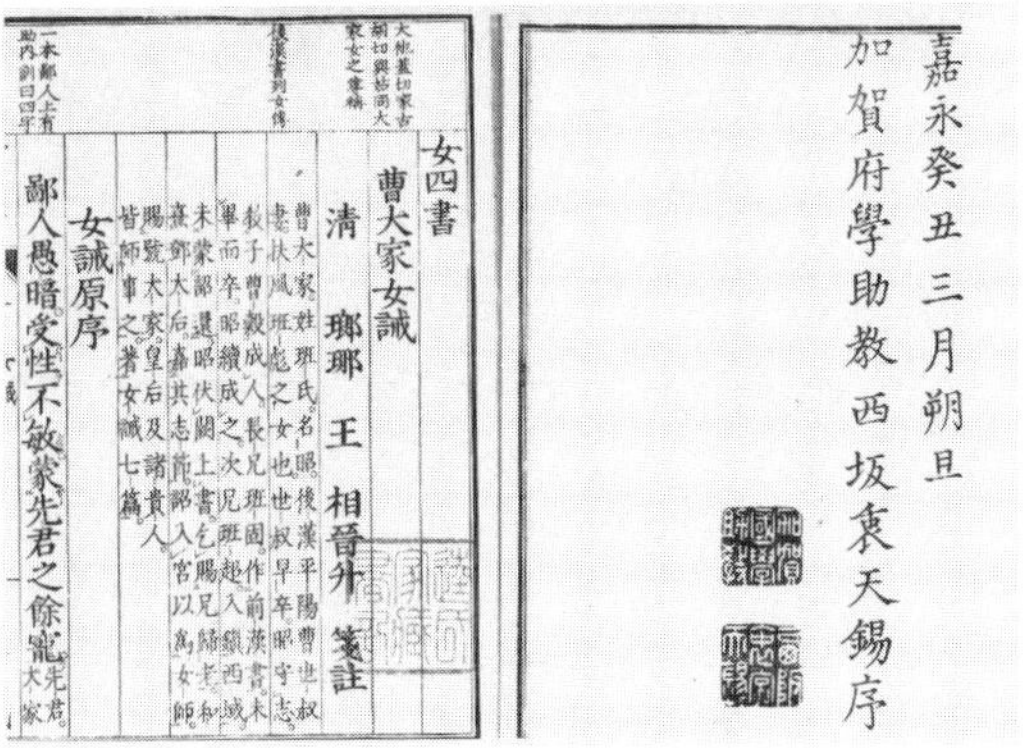
嘉永癸丑三月朔旦
加賀府學助教西坂衷天錫序

女四書
曹大家女誡
清　瑯琊　王相晉升　箋註
女誡原序
鄙人愚暗受性不敏蒙先君之餘寵

西坂成庵『校訂 女四書』
（名古屋大学ジェンダー・リサーチ・ライブラリ蔵）

右近が美子に最初に与えた書が「女四書」であり、原文の翻刻本をわざわざ金沢から取り寄せたところ、美子は、訓点は目障りだとして、訓点の書かれていない無点本、すなわち白文を求めたというわけです。

宮内公文書館所蔵「昭憲皇太后御料御書籍総目録」によれば、一八七三年（明治六）一二月に、加賀藩最後の藩主で後に加賀藩知事となった前田慶寧《よしやす》が、美子に「女四書」四冊を献上しています。一八七三年といえば、永孚による美子への講義が始まった年です。美子は、宮中でも、再び前田家が翻刻した「女四書」を手にしたことになります。

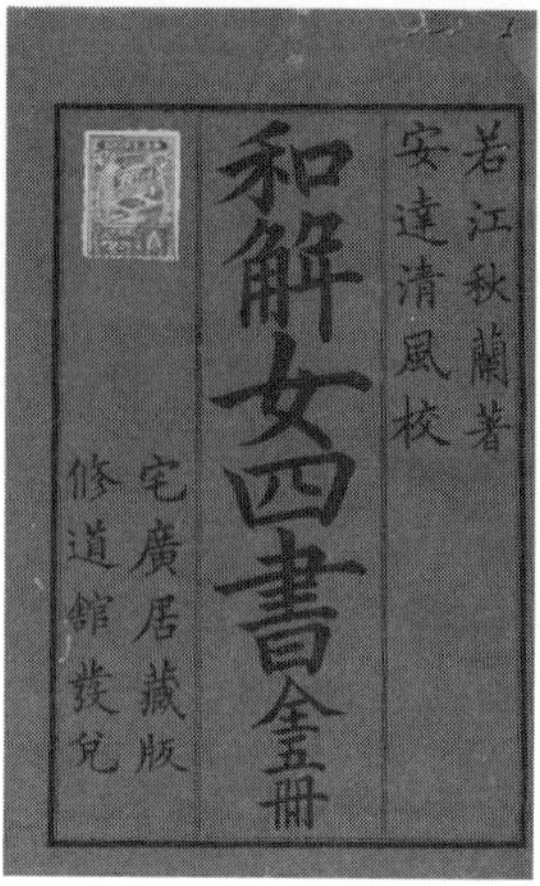

若江薫子『和解女四書』
（名古屋大学ジェンダー・リサーチ・ライブラリ蔵）

やがて、明治も一〇年代に入ると、訓点と頭注、さらに和文による注釈を加えた女性に読みやすい「女四書」が生まれます。漢学者で美子の指導にもあたった若江薫子《におこ》の遺稿をもとに、薫子と同門だった安達清《あだちせい》風《ふう》が一八八三年（明治一六）に出版した『和解女四書』です。

薫子は、出版からさかのぼること二年前、安達のもとを訪れ、日頃から心血を注いできた『和解女四書』をなんとか世に出したいと協力を求めます。安達は、薫子の没後、彼女の悲願に応えようと、皇族で左大臣もつとめた親王有栖川宮熾仁《ありすがわのみやたるひと》に題字を、漢学者の重野《しげの》安繹《やすつぐ》に序を依頼し、自らは例言を記し、『和解女四書』として出版にこぎ着けます。

題字を寄せた有栖川宮家は、古くから書道や歌道の師範を勤め、天皇家にも信頼されている家柄です。なかでも熾仁は、戊辰《ぼしん》戦争では徳川氏追討の総司令官を勤め、王政復古に際しては総裁職に就任し、明治天皇を支えた代表的皇族でした。錦の御旗を掲げて進軍する姿を、「宮さん宮さん」で始まるトコトンヤレ節に歌われた「宮さん」とは、この熾仁のことで、維新期には広く知られた存在です。

いっぽうの重野安繹は、鹿児島藩士で、江戸に出ては昌平黌《しょうへいこう》で学び、維新後は官立の国史編纂所である修史局に入り、明治期の修史事業にあたった歴史学者です。

こうした文芸や学術分野で明治初期を代表する熾仁や重野が、題字や序を寄せたことからも、薫子の学識と、その成果である『和解女四書』が、高く評価されていたことが分かります。

厳しかった若江薫子《わかえにおこ》

ところで、一条家時代の美子を指導した若江薫子とは、どのような女性だったのでしょう。

薫子は、一八三五年（天保六）、伏見宮家付きの殿上人で公家の修理大夫《しゅりのだいぶ》・若江量長《かずなが》の娘として、京に生まれました。父から読書と習字の手ほどきを受け、成長してからは岩垣月洲《いわがきげっしゅう》のもとで漢学を学びます。同門には、安達清風をはじめ、岩倉具視《いわくらともみ》や富岡鉄斎《とみおかてつさい》といった、後に時代を代表することとなる公家政治家や文人がいました。

薫子は、一五、一六歳の頃には、中国の経書や歴史書、諸子百家の書のほとんどに目を通し終えており、秀でた学識をもつと評判の女性でした。その薫子が、一八六〇年（万延元）二六歳のときに出会ったのが、当時一一歳の美子です。

すでに家塾を開き、女子教育に力を注いでいた薫子は、一条家の娘たちの教育係となります。漢学に加えて、和歌や礼式など、指導は多岐にわたりました。

一条家の委嘱を受けてより、薫子は姫君達の御教養に全力を注ぎて、単に敷島の道のみならず、諸礼式の御稽古、漢籍の御復習、偖《さ》ては女儀一切の心得に至るまで、いと厳格に御薫陶申上げたるが、数ある姫達の中、特に福貴君《ふきぎみ》には幼より聡明頴悟《えいご》、一を聞いて十を知るの御才幹を具《そな》へられ、学問技芸何一つ御堪能ならざるはなく、薫子の何時も敬服するは此の姫君なりと申す。（『明治皇后』「第五節　御幼時の御教養」）

文中「福貴君」とあるのが美子です。一を聞いて十を知る、学問技芸、すべてに深く通じている。美子の才知は抜きん出ていました。

そして、薫子と美子の出会いから七年後、皇后選出の議が起こります。天皇の正室になることのできる皇族および五摂家の娘たちのうち、年齢から考えて、候補は八人いました。このとき白羽の矢が立ったのが一条家で、四女の多百《たも》と五女の（福貴《ふき》改め）寿栄《すえ》（後の美子）が推薦されました。

迷った当時左大臣の岩倉具視は、一条家の教育係で、同門でもあった薫子に意見を求めます。薫子は、深い慈しみと賢さを兼ね備えた寿栄姫こそ皇后にふさわしい、と答えました。薫子の評言が功を奏したか、一八六八年（明治元）、寿栄姫から改名した美子が入内し、皇后となったわけです。

つまり薫子は、指導者のひとりというだけでなく、美子の人生の岐路に関わった女性なのです。美子にとってもその存在は大きく、後に美子は当時を振り返り、薫子のあまりの厳しさに、思わず泣いたことがある、と語ったそうです。

薫子は、なぜそこまで美子に厳しく接したのでしょう。

皇后選出の折りの、岩倉と薫子とのやりとりが、手がかりを与えてくれそうな気がします。実際のところ、はじめから最有力候補だったのは美子であり、岩倉が薫子に意見を求めたのも、互いに暗黙の了解の上でのことだったのではないか。同門知己の二人であれば、あり得ることではないでしょうか。生来の気質、能力からしても、美子は皇后、国母になる器と考えたからこそ、薫子は美子の教育に全力を注いだのだと想像します。

薫子は、ただたんに、公家のお嬢さんの教育係となったわけではないのです。その子は、いずれ皇后となるかもしれない、そうした前提のもとに、当代きっての学識者である薫子が指導者に選ばれ、薫子もまた、この大役を引き受けたのではないか。そう考えれば、薫子の厳しさも理解できます。

勤王の志を貫いた女丈夫《じょじょうふ》

美子の指導者であった薫子は、関口すみ子のことばを借りれば、「尊王攘夷の（「志士」ならぬ）「烈女」であり、しかも、御一新後も「文明開化」の波に乗ることを断固拒否した激派」、「女丈夫」でした（関口すみ子『御一新とジェンダー　荻生徂徠から教育勅語まで』）。

美子は、自分の学問は薫子に負うところが多かった、と後年語っていますが、薫子は、知識や教養だけでなく、変革の時代をいかに生きるかを、その身をもって示した烈女でした。たとえ世に受け入れられなくとも、自らの信念に従って生きる。そのとき内面の支えとなるのは何か。美子は薫子の生きかたを通して学び、考えたのだと思います。

薫子は、筆者が前著（榊原千鶴『烈女伝　勇気をくれる明治の8人』）でも取り上げたとおり、公家の娘に生まれましたが、国政に異議申し立てをして罰せられ、公家社会から追放されました。京に留まることもできず、最後は香川県丸亀の地で、その四七年の人生を終えます。薫子は、時代の変化に抵抗した女性でした。いったん時事を語り出せば弁論ほとばしり、熱い涙をとめどなく流す。まっすぐな信念を抱いた女志士でした。

次章で詳しく取り上げますが、薫子は、王政復古にあたり、天皇が政治を執り行う国としてのあるべき国家像について、幅広い観点から自説を展開した書「杞憂独語」なども著しています。その意味で薫子は、政治思想家でもありました。

歴史家で政治家、伊藤博文の女婿でもあった末松謙澄《すえまつけんちょう》は、美子が明治天皇に仕える気持ちのなかに、薫子が抱いていた「勤王」の志と相通じるものを見ています。

皇后陛下の全身をさゝげて、天皇陛下に仕へまつりし御心は、独り世の所謂良妻の儀表たる上に於て、然りしのみならず、勤王の忠誠に出で給ひしこと、明確なり。是には申すも恐れ多けれど、勤王主義熱誠の女丈夫《じょじょうふ》たりし若江薫《(ママ)》の感化も、亦幾分か与つて力ありしならん、と推測し奉らる。唯、薫《(ママ)》は初一念に羈束《きそく》せられて、遂に開国進取の皇謨《こうぼ》に適応する変通力なく、為めに行年四十七歳を以て物故したる。晩年の十余年を時勢と逆行して、流離轗軻《かんか》の間に終りしは、惜むべし。其一段に至れば、陛下が能く、毫《ごう》も此の如き羈束《きそく》を受けさせられずして、勤王の素志を貫通遊ばされしことぞ、誠に畏《かしこ》き御事の極みなる。（『修養宝鑑明治両陛下聖徳記』「両陛下に関する追懐の数々」）

末松はいいます。

美子が全身全霊をもって明治天皇に仕えた真意は、いわゆる良き妻としての模範を示そうとしただけではない。勤王の忠誠心によるものでもあったことは明らかである。そこに

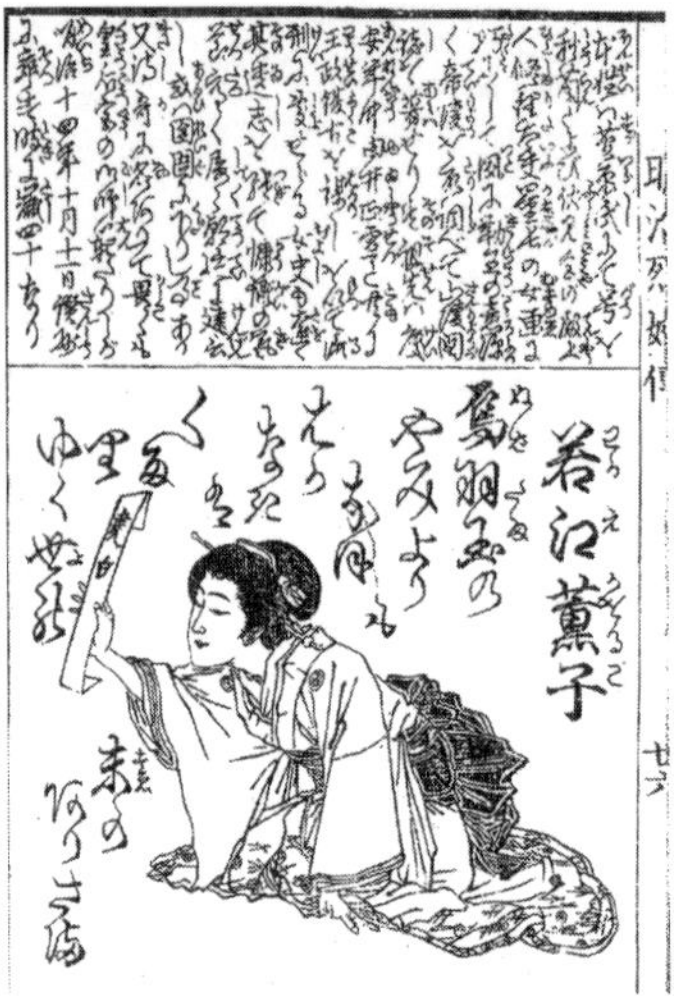

『続明治烈婦伝』（国会図書館蔵）

は、勤王の志に篤く、真心をもつ女傑であった若江薫子の影響があり、美子の行動に力を与えていたと思う。けれど薫子は、初めに心に決めた覚悟にとらわれ、結局のところ、開国して積極的に欧米の新しい事物を取り入れていこうとする天皇の国家統治計画に適応する柔軟性がなく、そのために四七歳で亡くなってしまった。晩年の一〇年余りは、時勢と逆行し、流浪して世間に認められず、志を得ないままに人生を終えたのは、残念なことだ。そうした面からすると、皇后美子が、薫子のような初志のしばりを少しも受けられることなく、勤王の素志を貫き通されたことは、たいへん恐れ多いことである、と。

皇后である美子に、天皇に忠義を尽くそうとする勤王の思いがあったというのは当然ではないか、と思われるかもしれません。しかし、末松が指摘しているのは、薫子を突き動かした天皇を尊ぶ思い、信念に裏打ちされた熱情が、美子の行動の根底にも流れている、ということなのです。

美子と薫子の違いは、時流に逆らわず、天皇が定めた方針に従うことができたか、いや、やはり攘夷の考えを捨てきれず、開国による西欧の風俗や新知識の獲得を受け入れることはできなかったか、その違いです。維新という、明治政府による天皇親政体制への転換に基づく政策に従うことが、そもそも勤王の結果であるとするなら、美子は、勤王の素志を貫徹したともいえましょう。

重要なのは、表向きにはそれと見えなくとも、薫子が生涯手放すことのなかったまっすぐな勤王の志を、美子もまた、受け継いでいたのではないか、という指摘です。その強さ、深さを、あなどってはいけないと思います。

それはたとえば、世の中がかわったのだからとばかりに、それまでの主張を翻し、さっさと時流に乗じる世渡り上手への、痛烈な批判的生きかたともいえます。少なくとも薫子は、自身の考えるところに正直であり、信念に殉じた女性でした。

祖父母が在りし日、薫子に接したことがあるという法学博士の猪熊兼繁《いのくまかねしげ》は、当時の公家社会を次のように評しています。

公家仲間はみな冷酷で、同情するより軽蔑するのに慣れ、ついに自らも没落する過程を進んだようである。どこかで「お公家さんの女は賢いが、男はアホや」という声が

「勤王忠誠贈正五位若江薫子女史之墓」と書かれた標柱の右手奥に薫子の墓

する。　（「維新前の公家」）

賢いか、愚かかはさておき、ある種の冷淡さが、当時の公家社会に漂っていたのはその通りなのでしょう。薫子も、一条家という高位の家柄とはいえ美子も、公家出身の女性たちは、そうした周囲、とくに男性の冷酷さ、一途な思いを抱く者を軽蔑する態度を、身にしみて感じていたはずです。そして公家だけでなく、攘夷を唱えていた者たちも、幕府が倒れ、維新が断行されれば、あっという間に開国主義者に変貌する。そうした変わり身の早さを、多く目にしたことでしょう。

もちろん美子は皇后として、こののち政府が主導する西欧化政策に協力していくことになります。けれど、たとえば時代錯誤と批判されようと、国の行く末を思い、損得抜きで自らの信念に殉じた薫子の生きかたは、美子にとって忘れがたいものだったはずです。

末松謙澄は、先の『修養宝鑑明治両陛下聖徳記』の頭注に、「薫の晩年に付ては、香川大夫なども頗《すこぶ》る心配せしかど、終《つい》に奈何《いかん》ともし得ざりしと云ふ」と書き付けています。

「香川大夫」とは、長年にわたり、皇后の日常を支える皇后宮大夫として美子に仕えた香川敬三のことです。薫子には、政府の方針に反して罰せられた過去があったため、生前はそれとわかる形で援助の手を差し伸べることはできなかったのでしょう。けれど美子は陰ながら、側近の香川に命じ、薫子の苦しい状況を救えないか試みたのだと思います。

若江薫子が残した『和解女四書』

美子の内面を支えたひとつは、貫名右近、薫子、そして元田永孚らにより、繰り返したたき込まれた「女四書」の教えでした。入内時には、すでにその内容に精通していた美子は、周囲の女官たちにも、「女四書」を行動の指針とするよう命じます。

陛下和漢の典籍に通ぜさせ給ふ事、大方ならざりしが、最も御愛読ありしは女四書にて、侍女等に対しても、何かにつけて、女四書には斯《か》くこそあれ、斯く〳〵せよ、などと仰せ給ふ事、屢々《しばしば》なりき。されど女官等の中にも、未だ、女四書の如何《いか》なる書なるやを知るもの稀なりき。

（『昭憲皇太后御一代記』「皇后時代」）

永孚が後宮で行った講義も、「女四書」がどういう書なのかを知らない女官には、その内容を知りうる有効な機会だったといえましょう。

では、薫子や永孚は、具体的にはどのような講義を行ったのか。

薫子については、編纂は美子と離れてからのこととなりますが、「女四書」の注釈書である『和解女四書』に、その一端をうかがうことができます。

明の徐皇后が、先君の皇后に学んだ礼法をもとに、後宮をとりまとめる長としての心得を記した『内訓』から、周の文王の妃である大姒《だいじ》を例に、薫子は次のように説いています。

詩経周南樛木《きゅうぼく》の篇に、楽める君子、福履《ふくり》之を綏《やす》んずといふも、大姒《だいじ》嫉妬なくして、多くの妾を、やはらぐれバ、多くの妾、なづき従ひて、大なる木に、藤かづらのかゝりたる如くなるにより、家国穏《おだやか》に治まり、もろ〳〵の福、来りあつまるといふことなり、

(『和解女四書』『内訓』下「事君章第十三」)

『詩経』「国風」に収められた夫婦の仲の睦まじさを詠んだ詩を取り上げ、聖王として崇められた文王が、国の安寧を保ち得たのには、妾に嫉妬することなく、彼女らの気持ちをつかみ、自身になつかせた太姒《だいじ》の存在があったからだと説明します。

嫉妬の思いについては、他に「逮下章第一九」でも繰り返し説いています。

この章にハ、后夫人をはじめ、妻たるもの、夫の妾多けれども、嫉妬せず、下をめぐみ、家を和するをいふ、

（『和解女四書』『内訓』下「逮下章第一九」）

夫の子孫多ければ、先祖への孝行となる道を思ひて、むかし聖賢の徳ありし、后がたの心を承継《うけつぎ》、其身の情欲を縦《ほしいまま》にせず、あまたの妾あるをも、妬むことなく

（同前）

子孫が多ければ、それは先祖への孝行につながる。聖賢の徳を備えたかつての皇后の心を受け継ぎ、妾が多くとも嫉妬せず、彼女たちに気を配ることで一家の和、ひいては一国の和を保つことができる、というわけです。

また、薫子は、大姒《だいじ》の先例を、『内訓』だけでなく、『女孝経』の注でも用いています。

関雎麟趾《かんしょりんし》ハ、皆詩経の詩の名なり。関雎の詩の意《こころ》ハ、雎《みさご》といふ鳥のことをいふ。此鳥ハ雌雄《めお》のつがひ定まりて、猥《みだ》りに他の鳥とつがわず、さて其雌雄の鳥、相愛する情深くして、尋常《よのつね》の鳥の如く、雌雄《つがい》なれむつびたるを、人見たる事なきにより、夫婦の道にかなひし鳥なりといへり。周の文王の妃、大姒ハ、勝れたる徳ありて、文王と御夫

婦の中、睦まじき事類《たぐ》ひなけれども、聊《いささ》も狎戯《なれたわむ》れなどしたまふ事なく、厳かに敬ひ玉へども、疎遠ならず、能く夫婦の道にかなひしを、雎にたとへてほめたる詩なり。……（中略）……賢とは賢女のことなり、大姒ハ嫉妬の心、露ほどもなきのみならず、賢女あれバすゝめあげて、君に事《つか》へさせられしが、賢女の得難きを憂とするなり。

（『和解女四書』『女孝経』「后妃章第二」）

雎雄の仲が良いとされる水鳥のミサゴの喩えから、適度な距離を取りつつ相愛であった文王と大姒《だいじ》を例に、夫婦の道にかなうのは、嫉妬しないだけでなく、ときには文王にふさわしい女性をすすめ、文王に仕えさせたという大姒の「賢女ぶり」を説き、そうした賢女がなかなかいないことを憂いています。

薫子の『和解女四書』は、本来の四書構成とは異なり、『女範捷録』に代えて、王妃となる姪に向けて後宮生活での心得を記した『女孝経』を加えた辻原元甫版と同じ構成です。漢学の教授という点では、原典に忠実であるべきでしょう。けれど、薫子があえて『女孝経』を取り上げた背景には、「女四書」を説くのに最もふさわしい対象は皇后美子である、との思いがあり、その結果、後宮に関わる『女孝経』を含む辻原版の構成にならったのだと想像します。

たとえ、美子との実際の交流は途絶えても、薫子にとって『和解女四書』は、美子との出会いあってこその書であることは、間違いありません。そう考えれば、後宮生活に関わる『女孝経』をあえて四書に入れたという可能性も十分あり得るはずです。

薫子が説いた、この「嫉妬はするな」の教えは、宮中の人となった美子には、まさに現実のものとなり、入内後には、さらに永孚により重ねて説かれるところとなりました。

元田永孚による年頭の講義

前述のとおり永孚は、美子への講義や後宮での雑談で「女四書」を取り上げ、解説していますが、最も注目したいのは、一八八〇年（明治一三）の「講書始《こうしょはじめ》」での講義です。

講書始とは、一八六九年（明治二）、明治天皇が学問奨励のために定めた「御講釈始」が、そのはじまりとされます。当初は和書と漢籍、後には洋書も加えられ、毎年一月に学者からの講義を受ける儀式で、一八七三年（明治六）からは皇后も出席するようになります。

当時進講を担当した永孚は、その際の講義録を残しています。

文王大姒夫婦、一和ノ聖徳ガ即、治国平天下ノ本ニテ、周八百年ノ治平ヲ開キタルモ、実ニ、文王大姒一和ノ徳ニ基キマシタル故ニ、孔子、唐虞三代ノ治乱興廃ヲ監ミ、其詩ヲ択バレテ、三百篇ノ首《はじめ》、国風ノ第一章ニ、此關雎《かんしょ》ノ篇ヲ挙ゲラレテ、天下国家ヲ治ムルニハ、必、夫婦ノ道ヲ尽シテ、閨門《けいもん》ノ一和ヨリ推シテ、政教ヲ施サネバ、真ノ治道ト云ハ、相成ラザルコトヲ、教へ示サレタルナリ……（中略）………。今、西洋ニテハ、夫婦ノ親愛ヲ、専ラ説クト雖ドモ、是亦、情愛ニノミ泥《なず》ミテ、殊ニ、修身ト治国ノ道トハ、別モノニ致シテ、治国ト申セバ、只、法律ヤ経済ヤ政事ヤ、ト云ノミニテ、文王堯舜《ぎょうしゅん》ノ、内ヨリ外ニ及ブノ教化トハ、丸デ別物ニ相成タルハ、天下国家ト申セバ、大キナ物ニテ、中々、深閨夫婦ノ一和ガ及ブ訳ニテナイコトトハ、思ハルルレ。曾テ、左《さ》ヤウノ訳ニテナク、天下ハ人ノ集マリタル者ニテ、其人ヲ治ムルニハ、彼邦教法ノ利害ヲ慮リ、政教ヲ分離スルヨリ、道徳政教一致ノ真理ヲ知ラザルノ偏見ニ、出タルナリ。之ヲ知ラズシテ、本邦ノ政家学者モ、修身ト政治ヲ二途ニ見ルヤウニテハ、未ダ王政ノ古ニ復スルコトハ、相成ラザルコトナリ。……（中略）‥今日、文王大姒ノ聖徳ヲ以テ恭《うやうやし》ク、聖皇陛下ト、皇后陛下トノ御一和ノ聖徳ヲ祝シ奉リ、猶、卑近ニ安ンジ玉ハズシテ、周《あま》ネク五大洲迄、推シ拡メラレンコトヲ、明治十三年ノ御講書始ニ、謹テ仰ギ奉ルハ、老臣ノ志願ナリ。

（「新年講書始進講録」）

永孚は説きます。

天下国家を治めるもとには夫婦の和がある。周が八百年にわたって平和であったのは、文王・大姒《だいじ》夫婦の和がもととなっている。そこで孔子は、唐虞三代の治乱興廃に鑑みて、『詩経』三百篇の最初、「国風」にこの關雎の篇を挙げ、天下国家を治めるには、必ず夫婦の道を尽くして、一家の和から政教を行っていかないと、真の意味での政治とはならないことを示したのである。

西洋では夫婦の親愛ばかりを説き、修身と治国は別のものととらえ、治国といえば、法律、経済、政治のことばかりで、文王や堯舜が内から外へと教えを広げて行ったのとは、まるで異なってしまっている。天下国家というと大きなことだとして、家庭の夫婦の和の及ぶところではないと思われるけれども、実は夫婦の和がもとにある。国家は人が集まったものだから、その人々を治めるには、として、宗教の利害に配慮して政教を分離した。その結果、道徳政教一致の真理を知らないという偏ったことになってしまった。道徳政教一致の真理を知らず、我が国の学者も、修身と政治は別のものと見ているようだが、それでは、王政復古を成し遂げることはできない。

今日、文王と大姒の聖徳をふまえ、我が国の天皇皇后による御一和の聖徳をお祝い申し上げ、なおこれからも、身近で俗っぽくありふれたありように満足することなく、広く五大州にまで、聖徳を押し広げられんことを願います。

天皇に向けて治政を講じる形をとりつつも、「皇后陛下トノ御一和」と付していることから、この年の永孚は、とりわけ皇后としての美子を意識していたように思います。永孚は、道徳と政教は一致させるべきものであるとの信念のもと、王政を復古し、国を治めていくには、まずは天皇と皇后が仲睦まじくあることが不可欠であるとし、その訓戒を年頭にあたっての公的な場で、天皇皇后だけでなく、臨席する人々にも伝えようとしたのです。ところで、永孚はなぜ、文王大姒に関わる講義をこの年、つまり一八八〇年（明治一三）の御講書始に行ったのでしょう。

ひとつの可能性として、前年の第三皇子（親王明宮嘉仁《はるのみやよしひと》・後の大正天皇）の誕生との関連が思い浮かびます。一八七三年（明治六）に誕生した第一皇子（母は葉室光子）は死産となり、そののち、一八七七年（明治一〇）に第二皇子、一八七九年（明治一二）に第三皇子が、いずれも柳原愛子《やなぎわらなるこ》を母として誕生しています。（本章末尾の「明治後宮における女官と皇子・皇女の一覧表」参照）

第二皇子が誕生した翌年の御講書始に、こうした内容を講義をすることもあり得たので、想像の域を出ませんが、第二皇子は誕生の翌年に亡くなっており、永孚にとっては、第三皇子である嘉仁が無事成長し、次代を継ぐことは悲願だったはずです。

後のことですが、嘉仁が大病を克服した一八九五年（明治二八）と思われる時期に、天皇が「これでわしもやっと安心した」といい、涙をボロボロと流した姿に、美子や女官たちは愕然としたという挿話を、片野真佐子が紹介しています。（片野真佐子『皇后の近代』）

皇子たちが相続いて亡くなった際には、感情を顕にすることはなかった天皇も、内心では嘉仁の健康を気遣っていたことがわかりますし、そうした思いは、側近の永孚には伝わっていたはずです。

だからこそ永孚は、天皇、皇后はじめ、女官たちも列座する新年進講の場で、皇后の実の子ではなくとも、この皇子を継嗣として育み、宮中の安寧を保つことの大切さを、美子と、この場に居並ぶ人々に、伝えたかったのではないでしょうか。

事実、嘉仁は、母親は美子であると聞かされて育ったこともあり、成人後、生母が柳原愛子であると知らされても、なかなか信じなかったと言われています。（古川隆久『大正天皇』）

そうした点からも、美子は、自らに与えられた役割を、忠実に果たしていったと考えられます。その姿は、永孚にとっても、理想的な皇后像に近いものでした。永孚は美子を次のように讃えています。

皇后宮ノ聖質ニシテ、実学ヲ好マセラレテ、徳行アラセラル、事ハ、処々ニ記シタル如ク、竊《ひそか》ニ、御天資ヲ窺ヒ奉ルニ、外温和ニシテ、内巌毅、一動一静、必礼ニ中リ、聖上ノ、御沙汰アルニ非ザレバ、一度モ行啓アルコト無シ。叡慮トアレバ、如何ナル難事モ御勉行アラセラレタリ。

（「古稀之記」）

外見は温和でありながら、内面は揺らぐことなく厳しく毅然としている。皇后美子の人となりは、まさにここに象徴されています。天皇の命でなければ外出することはないが、ひとたび天皇の意向とあらば、どのような困難なことであってもその解決にひたすらつとめはげむ。この揺らぐことのない内面をつくりあげていくうえで、「女四書」は不可欠の教材でした。

薫子や永孚は、「女四書」を用いて、「嫉妬はするな」と説きました。皇統の継承こそが、最優先事項だったからです。そうした期待通りに美子は、天皇の跡継ぎを産むか否かといった次元を超えた後宮の支柱、「皇后」へと成長していきます。

永孚は、国を治めていく上での天皇と皇后の和の重要性を説きました。そして美子は、国の行く末を憂い、あるべき国のありようを論じ、信念に殉じた薫子の、まぎれもない最高の教え子でもありました。

一九〇七年（明治四〇）と後のことになりますが、美子は次の一首を詠んでいます。

述懐

ためしなきこの大御代にあひてこそ　人とうまれしかひはありけれ

（筆者訳：前例のない、この明治維新という変革の御代に出会ったからこそ、その時代を生きていくための力を身につける機会を得て、人として生まれた甲斐もあったというものだ。）

（『昭憲皇太后御集』）

宮中に入って四〇年、維新の時代を乗り越え、自信と気概に満ちた美子がいます。

＊明治後宮における女官と皇子・皇女の一覧表

女官名	皇子・皇女名	生没年
葉室光子 （緋桃権典侍）	第一皇子 稚瑞照彦尊《わかみずてるひこのみこと》	1873年（明治6）9月18日誕生 死産
橋本夏子 （小桜権典侍）	第一皇女 稚高依姫尊《わかたかよりひめのみこと》	1873年（明治6）11月13日誕生 死産
柳原愛子 （早蕨権典侍）	第二皇女 梅宮薫子内親王《うめのみやしげこないしんのう》	1875年（明治8）1月21日～ 1876年（明治9）6月8日
	第二皇子 建宮敬仁親王《たけのみやゆきひとしんのう》	1877年（明治10）9月23日～ 1878年（明治11）7月26日
	第三皇子 明宮嘉仁親王《はるのみやよしひとしんのう》（大正天皇）	1879年（明治12）8月31日～ 1926年（大正15）12月25日
千種任子 （花松権典侍）	第三皇女 滋宮韶子内親王《しげのみやあきこないしんのう》	1881年（明治14）8月3日～ 1883年（明治16）9月6日
	第四皇女 増宮章子内親王《ますのみやふみこないしんのう》	1883年（明治16）1月26日～ 同年9月8日
園祥子 （小菊権典侍）	第五皇女 久宮静子内親王《ひさのみやしずこないしんのう》	1886年（明治19）2月10日 ～1887年（明治20）4月4日
	第四皇子 昭宮猷仁親王《あきのみやみちひとしんのう》	1887年（明治20）8月22日～ 1888年（明治21）11月12日
	第六皇女 常宮昌子内親王《つねのみやまさこないしんのう》	1888年（明治21）9月30日～ 1940年（昭和15）3月8日
	第七皇女 周宮房子内親王《かねのみやふさこないしんのう》	1890年（明治23）1月28日～ 1974年（昭和49）8月11日
	第八皇女 富美宮允子内親王《ふみのみやのぶこないしんのう》	1891年（明治24）8月7日～ 1933年（昭和8）11月3日
	第五皇子 満宮輝仁親王《みつのみやてるひとしんのう》	1893年（明治26）11月30日～ 1894年（明治27）8月17日
	第九皇女 泰宮聡子内親王《やすのみやとしこないしんのう》	1896年（明治29）5月11日～ 1978年（昭和53）3月5日
	第十皇女 貞宮多喜子内親王《さだのみやたきこないしんのう》	1897年（明治30）9月24日～ 1899年（明治32）1月11日

第三章　武器としての学問

若江薫子《わかえにおこ》や元田永孚《もとだながざね》による教えは、美子なりの皇后像を形づくっていくうえで、指針となるものでした。けれど問題は、そうした指導者の教えと、政府がめざす方向とが異なったときです。現実の政治に力を持つ政治家たちと、美子を教え導いてきた人たちとの思惑や期待が、常に同じとは限りません。そこに齟齬が生じたときに、美子はどういった選択をするか、です。美子は、薫子や永孚の教えを受け入れつつも、その枠内に留まり続けることはしませんでした。その意味で美子は、「成長」していきます。説かれた教えの主旨を理解し、自らの内で消化した上で、その時々の社会や政治の動向を敏感に察知し、求められる皇后としての役割を果たしていこうとします。そしてときには行動の根拠に、書物を引くこともありました。美子と「学問」は切り離せない、という外からの目を巧みに利用しながら、ある意味「学問」を隠れ蓑に、複雑で微妙な変革期を乗り越えていこうとしたのです。

「杞憂独語」が説く国のありかた

美子の教育にあたった若江薫子《わかえにおこ》は、大政奉還の年（一八六七）に、「杞憂独語」を著しています。その内容は、王政復古にあたり、朝廷を中心とした国づくりをいかに推し進めていくか、政治、教育、風俗など、幅広い観点から自説を展開したものでした。「序」で、薫子は次のように述べています。

今、王室を隆《さかん》にせんとせば、先《まず》、近きより始め、内を正ふし、名分を正し、相門《しょうもん》の専権を制し、言路を開き、朝臣の禄秩を定め、貧富を斉等にし、奢侈を戒め、刑罰を正し、学業を勧めしめ、天下諸民をして、天朝あることを知らしむるにあり。如此《このごとく》にして、教養、法あらば、数十年の後、風俗改り、人材さかんに出て、王政行ひ難きに非るべし。

（「杞憂独語」「序」）

朝廷を隆盛にしようとするなら、まずは身近な朝廷内を正しくし、立場や身分に応じて守らなければならない本来のつとめを正しく行い、大臣による権力の独占を制限し、天皇や上役などに意見を述べる方法や手段を設け、朝廷に仕える者の給与を定め、貧富の差をなくしてみな等しくし、身分不相応な贅沢を戒め、刑罰を正しく行い、学業をしっかりと行わせ、天下のもろもろの人々に、天皇が政治を執り行う朝廷の存在を認識させることである。そうして、教養や法があれば、数一〇年後には、風俗は改まり、優秀な人材が現れ、天皇による政治は行いやすくなるはずだ、として、「第一　名分を正す事」以下、正編続編あわせて六一項目を論じていきます。

たとえば、「言路を開き」に関する条では、次のような提案を行っています。

近古、弊政多く、執政独断を以て事を行ふことあるは、言路の壅塞《ようそく》より始る。言路の壅塞は、執政の内覧あるより始る。言路洞開なさしめ給はざれば、上下の情、接することなくして、王政行はれ難し。今、此弊を革《あらた》められんには、縉紳《しんしん》及び諸藩を始め、陪臣、或は草野有志の者に至る迄、皆、時務の得失を直言すべき旨、天下に布告せられ、草野の上書といへども、執政の内覧を経ずして、天聴に達せしめ給ふべし。其云ふ所、是《ぜ》ならざる者といへども、譴責《けんせき》せらるゝこと勿《なか》るべし。

（「杞憂独語」「第五 言路を開き内覧を止る事」）

近い昔に悪政が多く、老中など政務を執り行う者が独断により政治を行うことがあったのは、意見を述べる方途が塞がれていたことに始まり、これは老中などが、決められた正式の手続きによらず、内々に上申書を見る制度があったことによる。意見を申し述べる方途が開かれていなければ、政治を行う上層と、一般庶民との思いが接する機会がなく、ふさわしい王政を行うことは難しい。いま、この弊害を改めようとするなら、身分の高い者や諸藩の者たちをはじめ、臣下や民間の有志に至るまで、皆がその時その時に応じた重要な仕事の利益と損失を遠慮無く言うようにということを、国の決定として一般に告げ知らせ、たとえ民間の者であっても、意見を記した文書は、高官が事前に見ることなく、そのまま天皇に達するようにするのが良い。かりにその内容が正しくないとしても、その者を責めることはあってはならない。

つまり、より良い政治を行おうとするなら、為政者である天皇は、様々な意見に目を通す必要がある。そのためには、誰もが天皇に向けて、直に意見を伝えられる経路が確保されていなければならないし、伝える過程で高官がそれを邪魔することがあってはならない。そして、上げられた意見が道理に合わないからといって、良かれと思って意見を申し述べた者を咎めるのは誤りだ、というわけです。

そもそも薫子が罰せられたきっかけは、一八六九年（明治二）、幕末の思想家で、明治政府の高官となった横井小楠《よこいしょうなん》が刺殺された折り、暗殺者の罪を減じるよう嘆願書を書き、刑法知事に提出したことにありました。薫子はいいます。

実に正義之人は国之元気に御座候間、一人にても被戮《りくされ》候得《そうらえ》ば、自ら国の元気を伐《きり》候にて、自ら元気を伐候得《そうらえ》ば、国の性命も随《したがっ》て滅絶仕《つかまつり》候。（「刑法知事大原老卿へ差出す書」）

「元気」とは、万物を生成する根本的な精気の意で、ここでは、国や組織が存続するために必須な活力を意味します。薫子は、己の信ずるところにしたがって行動を起こした者は、国の活力だと主張します。暗殺という手段の是非はひとまずおいて、国の行く末を思い、やむにやまれず行動を起こした彼らを処罰することは、結果として国の活力を削ぐことになる、と訴えたのです。

主義主張の違いというより、その行為が国を思う心から発したものであるなら、それを行った者を安易に罰しては、国にとってたいせつなものを減じることになる、というわけです。けれど実際には、暗殺者はもちろん、その減刑を願った薫子も処罰されてしまいます。明治の新政府は、薫子が提案したような「言路」を確保はしていませんでした。

このように、天下国家を論じ、自説を曲げない薫子が、大政奉還の年、それは同時に皇后選出の議が起こった年でもあったわけですが、「杞憂独語」を著したのです。薫子の脳裏には、教え子である美子の将来があったはずです。

美子への戒め

「杞憂独語」には、美子を念頭に置いたと思われる条項があります。そのひとつが、続編「第二　速《すみやか》に長秋宮を建らるべき事」です。

聖上、新に位を践《ふみ》たまふ上に、王政新たに復する時なれば、速に長秋宮を建らるべきことなり。……（中略）……近頃、王氏、中宮たりし例も多くあることとなれば、中古の弊風を革《あらた》められ、王氏の女、淑徳ある者を選んで、初より、正嫡の位を定められ然るべし。若《もし》、万一、王氏に可然《しかるべき》女子なく、時勢行はれざることあらば、已《やむ》ことを得ずして、諸臣の女を以てせらるゝとも、早く、中宮の名位を正せられ、且、皇嗣、其親生ずる所に非れば、正后を以て、母養せらるべし。希くは、紀綱を補助するの一端なるべし。

（「杞憂独語」続編「第二速に長秋宮を建らるべき事」）

「長秋宮」とは、中国で皇后が住んだ宮殿をさす皇后の異称です。薫子は、皇后を立てるにあたっては、「王氏」、すなわち天皇の子孫で、しとやかで貞淑な徳を備えた女性を選び、最初から正室とすべきである。もし万が一、ふさわしい皇族の女性がおらず、世が上手く成り行かないことがあるなら、やむを得ず諸臣の娘をもって、すみやかに中宮とし、その官名と官位を正しくすべきであり、かつ、跡継ぎがその女性に生まれなかった場合には、皇后を母として、跡継ぎを育てるべきである。どうか、国家を治める上での根本となる制度や規則を補助するひとつとなりますように、と記します。

現実世界では、この年の八月に睦仁《むつひと》は即位の大礼をあげ、翌一八六八年（明治元）一二月、女御に内定していた美子は、婚儀において女御宣下と皇后宣下を同日に受けます。女御宣下と、天皇の正式な伴侶となるための立后（皇后冊立）を同日に行った前例はなく、美子は最初から「皇后」として入内するという違例の形をとりました。

薫子が主張した、王政復古のあかつきにはすみやかに皇后をたてることは、そのまま現実のこととなり、実子をもたなかった美子は、結果的に「母」として、後嗣の成長を見守ることにもなります。

残るは、美子が皇后として、この国の安寧を保つことです。美子は、薫子が思い描いた国づくりを、薫子に代わって行っていくはずの、期待の女性だったのです。

そう考えたとき、宮中に入る女性はどうあるべきかを論じた「第一三　選入の女子に婦道を教えること」は、皇后に限らず、宮中で働くことになる女性を対象とする内容ですが、当然、薫子が美子の教育において配慮したこととも重なるでしょう。薫子は、宮中に入る女性が学ぶべきことと、その理由を論じていきます。

後宮に選《えら》み入らるゝ女子、尤《もっとも》、婦人の道を教へ、閨門箴誡《けいもんしんかい》の書を読しむべし。少女の輩に、俄《にわか》に経史を読しめんとせば、労多くして、益少なかるべし。今、俗間に行はるゝ、貝原篤信《かいばらとくしん》の著す所、国字の教訓の書、数種あり。或は、中村惕斎《てきさい》の著せし姫鑑など、婦道を説くこと、委曲にして、最《いと》理会し易し。是等の書を読しめ、婦人にして少く文学ある者に従ひ、学ばしむべきことなり。

（「杞憂独語」「第一三　選入の女子に婦道を教えること」）

「皇后冊立」
（明治神宮 聖徳記念絵画館壁画）

選ばれて宮中に入る女性には、とりわけ婦人の道を教え、「閨門箴誡の書」（夫婦の間での戒めを記した書）を読ませるのが良い。

幼い女子に、急に、漢文で書かれた四書五経や歴史書を読ませようとすれば、骨が折れるばかりで、役に立つところは少ないはずだ。いま、世俗でもてはやされている貝原篤信（江戸時代の儒学者、貝原益軒）が書いた『女大学』や、仮名で書かれた女訓の書物は数種ある。あるいは、中村惕斎《てきさい》（江戸時代の儒学者）が書いた『姫鑑』などは、女性として備えるべき道徳を、詳しく隅々まで説いていて、とても理解しやすい書物である。これらの書を女性に読ませ、女性で多少なりと学問の覚えのある者に付けて、学ばせるのが望ましい。

では、宮中で働く女性には、なぜこうした学習が必要なのでしょう。

才学ある婦人、凶険の行をなすもの、間《まま》ありといへども、十に八九は婦道を知らずして、放僻邪恣《ほうへきじやし》(ママ)なるものなり。初て宮中へ入るときは、一女子の微なる善悪ども、人の目に見へ難く、又、年尚《としなお》幼弱なる時なれば、長ずるとて、何程のことをかなすべきと思ふべけれども、一旦寵幸せられて、宮闈《きゆうい》の権を専らにするときは、妒忌《とき》を挟み、皇嗣を害し、私謁を行ひなどして、天下をも乱ることあり。これ、異朝のみにあらず、本朝にも、平城帝の尚侍薬子《しようじくすこ》、後醍醐帝の准后廉子《じゆごうやすこ》など、天下を傾覆せり。最畏《いとおそ》るべきなり。

（同前）

才知と学問のある女性のなかにも、腹黒い行いをなす者はときどき現れるけれども、一〇人中八、九人までは婦道を知らず、かって気ままで、したい放題の悪い行いをする。初めて宮中に入るときは、わずかひとりの女子の、ちょっとした善悪など、他の人の目には見えづらく、また、年端も行かず幼い時なら、成長したところでどれほどのことをする力があろうと思うだろうが、ひとたび天皇の寵愛を受け、宮中の権力を専有したときには、他の女性たちに妬みや憎しみの感情を抱き、自分腹ではない天皇の世継ぎをそこない、個人的なことで人に会い、頼み込むなど、天下を乱すこともある。こうした前例は、外国の宮中ばかりではない。我が国でも、平城上皇の愛妾であった尚侍《ないしのかみ》の藤原薬子《くすこ》や、後醍醐天皇の寵妃であった阿野廉子などが天下を覆した。最も畏ればばかるべき女性たちである。

薫子は、美子の能力と手腕に期待しつつも、政治への関わり方には細心の注意を払うよう、徹底した教育を行っていたのだと思います。

天皇の愛情を得たことで不遜になり、自制心を失ってしまう。あるいは、天皇の権力を笠に着て、邪な力を振るう。もし、皇后や、天皇の寵愛を得た女性が、そうした行動に出てしまえば、国家存亡の危機を招く可能性が生じます。「婦道」は、そうした女性にならないよう、守るべき道を説くものでした。

断行された宮中改革

維新から間もない頃、大隈重信《おおくましげのぶ》は、宮中改革の難しさを次のように語っています。

王政維新の大精神の一は、「旧来の陋習《ろうしゅう》を破る」といふことであつた。この言葉は口癖のやうに唱へられ、外に於ては、その勢破竹のごとく、頗る目覚ましかつたが、大奥に向つては、矢張《やはり》一指をだに染めることが出来ぬ。外では維新の空気が充ち満ちてゐたが、内では古い保守的の陋習が少しも抜けない。三条、岩倉の諸公は、宮中に信用勢力を有し、且つ革新の鋭気に満ちて、外に向つては盛に改革を断行し、其前路に横たはる障害を打砕かれたが、その三条、岩倉の才略も勇気も、大奥に向つては手も足も出ぬ、唯閉口し切つてゐるといふ次第であつた。

（『昭憲皇太后宮の御坤徳』「一一　聖業の御輔翼」）

当時宮中では、天皇と外部とのやりとりは、長橋の局とも呼ばれる勾当内侍《こうとうないし》を介して行われていました。天皇は女官たちに取り囲まれ、三条実美《さんじょうさねとみ》や岩倉具視《いわくらともみ》といった公家出身の政治家でさえ、容易に手出しはできません。これでは王政復古を実現することは不可能です。そこで宮中改革の断行を主張したのが、西郷隆盛でした。

> 参議西郷隆盛以為《おもえ》らく、国威を発揚せんとせば、宜しく根源に溯りて、宮禁の宿弊を改めざるべからず。即ち華奢・柔弱の風ある旧公卿を宮中より排斥し、之れに代ふるに、剛健・清廉の士を以てして、聖徳を輔導せしむるを肝要とすと。之れを参議木戸孝允・大蔵卿大久保利通等に謀り、又、実美・具視に進言して英断を促す。是に於て是の月四日、民部大丞吉井友実を宮内大丞に任じ後、少輔に任ず、尋いで命ずるに、制度取調掛を以てし、専ら省内・内廷の改革に従はしむ。（『明治天皇紀』明治四年七月二〇日条）

西郷は主張します。

国家の威光を高め、盛んにしようとするならば、ぜひとも根源に遡って、宮中における年来の悪習を改めるべきである。すなわち、弱々しく、気力に欠ける旧公卿を宮中から追い出し、彼らに代わって、心身ともにたくましく、私欲のない人物を登用することで、天皇の徳を教え導くことが最も重要なことである、と。

そこで西郷は、木戸孝允《きどたかよし》や大久保利通《おおくぼとしみち》と謀って、三条実美や岩倉具視に決断を迫ります。

そして登用されたのが、吉井友実《よしいともざね》でした。

吉井友実は、西郷や大久保とはよく知る間柄のもと薩摩藩士です。まさに「剛健」の士が、宮中の改革を実行しようと乗り込んできたわけです。改革は、一八七一年（明治四）八月と、翌年四月の二度にわたり行われました。

内廷刷新の為、在来の女官悉く罷免せられ、新たに広橋静子《さだこ》・高野房子典侍《てんじ》に、四辻清子・葉室光子・橋本夏子権典侍《ごんのてんじ》に、植松務子掌侍《としこしょうじ》に、花園総子《みちこ》・中御門斉子《なかみかどときこ》・唐橋貞子・小倉輔子権掌侍《ごんのしょうじ》に任ぜらる。乃ち皇后、午後二時頃、御小座敷に出御、静子等を御前に召させられ、宮内大輔万里小路博房《までのこうじひろふさ》をして、辞令を授与せしめ、且今次改革の趣旨を良く存知すべきこと、爾後、皇后の命を奉じて勤仕すべきこと、族旌《ぞくせい》に関わらず、又、一旦嫁せし者と雖も、人柄により御登用あるべきこと、婚嫁希望の者には、之を許さるべきこと等を達せしめらる。（『昭憲皇太后実記』明治四年八月一日条）

吉井の着任後まもなく行われた改革第一弾では、従来の女官をいったん罷免し、新たに皇后による任命が行われました。そこで言い渡されたのは、今後は「皇后の命に従って勤めよ」、ということでした。女官たちの専横を止めようとしたのです。

加えて、出自や結婚歴も問われなくなりました。第一章で紹介した武家出身で寡婦でもあった税所敦子の出仕は、この改革により可能となりました。

そして翌年、第二弾が断行されます。

典侍広橋静子・同高野房子・権典侍中御門《なかみかど》斉子《ときこ》・権掌侍小倉輔子《すけこ》・同花園総子《みちこ》・命婦梨木持子・同鴨脚克子等を罷め、尋いで権典侍持明院治子・同山井栄子等を罷めたまふ。其の数、総て三十六人に及ぶ。当時禁中及び皇太后御所に奉仕する女官は、典侍以下雑仕に至るまでを合せて百二十八人あり。静子は一典侍と称して、其の首位を占め、房子二典侍たり。両典侍共に先朝以来の女房なるを以て、其の権勢、自ら後宮を圧し、皇后の懿旨《いし》と雖も、行はれざること往々有り。且女官の習、先例・旧格をのみ墨守して、敢へて移らず、固陋《ころう》の甚しき、動《やや》もすれば、聖徳を妨ぐること無きにあらず。宮内卿徳大寺実則《さねつね》・侍従長河瀬真孝・宮内大輔万里小路博房・同少輔吉井友実等、深く之れを憂ひて、皇太后・皇后に言上する所ありしが、遂に是の聖断ありて、後宮の権力、始めて皇后の掌中に帰するに至れり。又、禁中奉仕の女官に内女房・皇后宮女房の別ありて、聖上に属する者と、皇后に属する者との葛藤絶えざりしが、是の際比の区別をも撤廃し、凡て之れを皇后主宰の下に在らしめたまふ。

（『明治天皇紀』明治五年四月二四日条）

当時宮中には、天皇の世話をする天皇付きの女官、英照皇太后付きの女官、そして美子付きの女官、あわせて一二八人がおり、このうち一気に三六人が罷免されました。なかでも筆頭の広橋静子と高野房子は、先帝以来の女官であったため、その権力と勢力により、後宮を意のままに動かし、美子の命令であっても従わないことがよくありました。

また彼女たちは、女官の習慣や先例、古くからのしきたりばかりを頑なに守り、決して変えようとせず、古い習慣や考えに固執して、新しいものを好まないことから、ともすれば天皇の徳を妨げることもあった、というわけです。

そこでこうした状況を憂いた宮内卿徳大寺実則や吉井友実らが、皇太后や皇后に申し上げ、最終的には天皇の裁断によって、美子は入内後はじめて、後宮の実権を手にすることができました。同時に、天皇・皇太后・皇后と主が異なることで争いが絶えなかった女官たちを、主の区別を無くし、すべて皇后付きとすることで、美子は彼女らを統括する立場に立ちました。

「女の王」としての美子

では、美子は、この改革をどのように受け止めたのでしょう。

『昭憲皇太后宮の御坤徳』には、このとき岩倉使節団として渡米中であった岩倉に向けて、吉井友実が宮中の様子を書き送った手紙が引かれています。

> 御内儀向《むき》も、今般一層御変革相成《あいなり》、一二典侍初め三十六人御減少、後宮向は皇后御一手に相成候。彼禁中之女房と申様なる一塊有之候而《これありそろて》は、朝廷上永年之御煩と、始終存上居候処、此節百年之害を御除き相成、実に恐悦安心仕候《つかまつりそうろう》。右御変革已来は、皇后余程御憤発に而、御上之御服等迄、御手自《てずから》御始末被遊《あそばされ》候位、且つ追々御一方様、御一緒、吹上え被為成《なされ》、誠に難有《ありがたき》次第御坐候。
>
> （『昭憲皇太后宮の御坤徳』「一一　聖業の御輔翼」）

吉井は勇んで報告しています。

後宮でも、このたびさらなる変革が成し遂げられ、筆頭および次席の典侍をはじめとして、三六人の女官が去り、後宮のことは皇后の独擅場となった。天皇付きの女房として天皇を取り巻いていた一群は、宮中では長年の間ずっと悩みの種であったけれど、このたびこの「百年之害」を取り除くことができたことは、まことにこの上ない悦びであり、安堵したところである。今回の改革以降、皇后はおおいに奮い立たれ、天皇の衣服まで、女官に任せることなく、ご自身で直接用意されるほど。また、徐々におふたりご一緒に吹上御苑にお出ましになるなど、実に貴重なことである、と、吉井は岩倉を安心させるべく、急ぎ伝えたわけです。

「御憤発」という表現から、美子の意気込みが伝わってくるようです。後宮を牛耳り、天皇を取り囲んでいた古株の女官たちは、もはやいません。美子がすべてを取り仕切れる環境が整いました。

1872年（明治5）内田九一撮影
美子（明治神宮蔵）

そこで美子は、これまでは女官が支度をしていた天皇の衣装も、自ら取り行うようになります。それはたんに衣装のことだけをさすのではありません。美子が、天皇の日常に深く関わるようになったことを意味します。その結果、これまでには見られなかった親密さが、天皇と皇后の間に見られるようになり、吉井ら改革を進めた近臣を喜ばせました。

末松謙澄《すえまつけんちょう》は、その著『修養宝鑑明治両陛下聖徳記』に、皇后宮大夫、さらに皇太后大夫として、長年にわたり美子の日常を支えた香川敬三が、娘の香川志保子に向かって、いずれの点から考えても、美子は「女の王」であると語った、と書き留めています。

「女の王」への第一歩は、こうした宮中改革から始まったと言えるでしょう。この時点での美子は、薫子らの教えから、皇后としての本分を果たすこと、そして、決してその分を超えないことを、肝に銘じていたはずです。

けれど忘れてならないのは、この宮中改革に明らかなとおり、美子は当初より、改革派の人々にとっては、たぶんに政治的に重要な存在であったという事実です。もし美子に、後宮を仕切ることのできる才知や力量がなかったなら、「百年之害」とされた女官たちが去ったとしても、その後にはおそらく、新たな混乱や弊害が生じたことでしょう。美子ならば女官たちを統括することが可能であるとの判断があればこそ、宮中改革は断行されたのです。

西郷隆盛が、大久保利通や木戸孝允に謀り、及び腰だった三条実美、岩倉具視に迫り、同郷の吉井友実を宮中に送り込むといった周到な計画を練ったことを思えば、彼らはかなめとなる美子の人となりを、見極めることに努めたでしょうし、彼女の手腕に、期待を寄せていたはずです。

その意味で、薫子がたたき込んだ教えは、確実に成果を上げていたことになりますし、改革後の指導者である永孚の導きも、皇后としてのありかたを形づくる上で、力を発揮したといえます。

けれど問題は、薫子や永孚といった指導者と、政治家たちとの思惑や期待は、必ずしも常に同じではないということです。そこに隔たりや対立が生じたとき、美子はどうしたか。そこが問題です。

美子は、薫子や永孚の教えを受け入れつつも、その枠内に留まりませんでした。教えの主旨を理解し、自らの内で消化したうえで、社会や政治の動向に敏感に対応していきます。たとえば周囲は、美子と「学問」は切り離せないと見ていましたが、そうした外の目も利用しながら、複雑で微妙な変革期の政治状況を乗り越えようとします。

欧化政策を進めていくなかで、美子の協力に負うところのあった伊藤博文は、美子を次のように評しています。

皇后陛下は実におえらい御方である。国学は勿論、漢学の御素養も十分にあらせられて、凡そ日本の女性中、陛下程に学問の素養のある人は一人もない。然るに、陛下は少しもそれを面《おもて》にお現《あら》はしにならぬ。天子様に御対顔遊ばしても、至極《しごく》御謙遜の御態度で、何事も膝をついて畏《かしこま》りて仰せになる。決して起《た》てなど一言も仰せられない。
（『修養宝鑑 明治両陛下聖徳記』「両陛下に関する追懐の数々」）

伊藤によれば、国学も漢学も、この国で並ぶ者がないほどの学問的素養をもつ美子ですが、学識を見せびらかすこともなく、天皇に対しても控えめな態度を崩すことがありません。美子は、政権を握る者たちの信頼を得ていく過程でも、「学問」を利用しました。

「女四書」『内訓』と若江薫子の教え

美子は、「女四書」のなかでもとくに『内訓』を重視しています。『内訓』とは、明の永楽帝の后の徐皇后（仁孝文皇后）が、永楽帝の母で、明の始祖・朱元璋（洪武帝）の后であった馬皇后（孝慈高皇后）の教えをまとめたものです。馬皇后も徐皇后も賢婦とされており、ともに皇后という点でも、『内訓』は美子が行動の指針としやすい書といえます。

美子は、幼き日より、さらに入内した後も、繰り返し「女四書」の講義を受けました。それぞれの講師がどのように説明したかは分かりませんが、薫子による講義については、『和解女四書』の注釈を通じて、推測できます。

たとえば、「事君章第一三」では、薫子は次のように説いていきます。『内訓』の書き下し文と、それに対応する薫子の和訳を並記することで、講義の雰囲気を再現してみます。

寵を擅《ほしいまま》にして、而《しこうして》恩を怙《たの》むなかれ。

わが身一人して、君の御寵愛をうけ、他人の寵を奪ふを、寵を擅にすといふ。斯《かく》のごとくなれば、禍《わざわい》来ること、速《すみやか》なるによりて、他人をも、御寵愛あるやうにすべし。又君の御心に、かなひたれば、少はわが思ふまゝにして、苦しからずと思ひて、ひがごとをするを、恩を怙《たの》むと云て、大なる悪なれば、戒むべし。

政《まつりごと》に干《あずか》って、而《しこうして》法を撓《たわむ》るなかれ。

たとへ、君より政事を問ひ給ふこと、ありとも、決していふべからず。非常のことはかく別、尋常《よのつね》のことに、婦人政《まつりごと》にあづかるは、国の乱となる也。又たとへ、いか程御寵愛ありて、君より許さるゝことありとも、我いさゝかにても、朝廷の法を撓《みだ》ることなかるべし。

擅専《せんせん》なれば、則驕《すなわちおご》り、恩を怙《たの》めば、則妬み、政に干《あずか》れば、則乖《そむ》き、法を撓《たわむ》れば、則乱る。我一人寵あらんとすれば、人を妬み疾《にく》み、人よりも怨みを受《うけ》、禍おほきもの也、又君の御心にかなひ、何事をしても、君咎め給はずと思へば、自《おのずか》ら妬みの心生ず。又我かしこしと思ひて、政事に預り、朝廷のことをいらへば、女の事ゆへ、賢しとも、外沙汰のことは、知らぬこと多くして、道に乖《そむ》くことと成る也。君の寵になづみて、法を撓《みだ》すことあれば、これより大なる乱れ生ずる也。

諺に云、水に汩《おぼ》るゝは淖泥《どうでい》、家を破るは妬妻《とさい》、驕らず妬まざるは、身の福《さいわい》なり。世の諺に、人の水に溺て、あがられざるは、深き泥におちいる故也。家国の破れて、さま〲の禍あるは、嫉妬する、悪き妻ある故なりといへり。人に亢《たかぶ》り驕らず、嫉妬せざるは、其身の福《さいわい》となる也。

詩に曰く、楽める只君子は、福履之を綏《やす》んず。

詩経周南樛木《きゅうぼく》の篇に、楽める君子、福履之を綏んずといふも、大姒《たいじ》嫉妬なくして、多くの妾を、やはらぐれば、多くの妾、なづき従ひて、大なる木に、藤かづらのかゝりたる如くなるにより、家国穏《おだやか》に治まり、もろ〲の福《さいわい》、来りあつまるといふことなり。

（『和解女四書』『内訓』下「事君章第十三」）

第二章で取り上げた「嫉妬はするな」の戒めとともに、天皇の寵愛を良いことに、多少のわがままは許されると考え、朝廷の法を破ることがあってはならないと説いていきます。『詩経』「周南」の「樛木」の詩を引き、妾に嫉妬せず、彼女らをなつかせることで国の安寧を保った大姒《だいじ》の例も説いていますが、留意すべきは、女性は政治に関わるな、と強調している点です。

「たとへ、君より政事を問ひ給ふこと、ありとも、決していふべからず。非常のことはかく別、尋常のことに、婦人政にあづかるは、国の乱となる也」、「又我かしこしと思ひて、政事に預り、朝廷のことをいらへば、女の事ゆへ、賢しとも、外沙汰のことは、知らぬこと多くして、道に乖《そむ》くことと成る也」と、女性が政治に関与すると国が乱れる、道に背くことになる、と重ねて戒めます。

少なくとも美子には、皇后として、この国の望ましきありようを考え、行動できる女性となることを期待したであろう薫子が、美子の可能性を狭めてしまうような教えを、なぜ記したのか。

薫子が憂慮したのは、優秀であればあるほど、政治に関心をもち、関与する可能性は高くなり、結果として生じる「女権」の行使ではなかったかと思います。初めはその気でなくても、時間が経つうちに、国のわざわいを引き起こすこともあり得ます。たいせつなのは、知ること、知っていながら、実際の政治とは距離を置くこと、そうした身の処しかた、政治とのかかわりかたこそ、重要と考えたのではないでしょうか。

薫子は別な章でも、女性がなすべきことと政治との関わりを、次のように説いています。

詩に曰く。婦に公事無し。其の蚕織《さんしょく》を休むと。此れ怠惰の慝《とく》なり。

詩は詩経大雅瞻卬《せんきょう》の篇の詞なり、詩の意は、女は男のすべき、表立たることに、預かることなく、こがひ織縫のことを、業とするなるに、今の女は、か丶る業を、やめてせざるを、刺《そし》れり、是漢土周の幽王のきさき褒姒《ほうじ》、王の寵愛にほこり、つとめずして、男のすべき、朝廷の政事に、たづさはるは、悪きことぞといふなり、何事も、勤むれば善となり、怠れば、悪となるなり、

（『和解女四書』『内訓』上「勤励章 第五」）

ここに薫子が挙げる『詩経』「大雅」「瞻卬《せんきょう》」には、次のような一節があります。

哲夫成城、哲婦傾城。　哲夫城を成《なし》、哲婦城を傾く。
懿厥哲婦、為梟為鴟。　懿《い》たる厥《その》哲婦、梟《ふくろう》たり鴟《みみずく》たり。

婦有長舌、維厲之階。
乱匪降自天、生自婦人。
匪教匪誨、時維婦寺。

婦に長舌有り、維《これ》厲《わざわい》の階。
乱天より降《くだる》にあらず、婦人より生ず。
教《おしゅ》るにあらず、誨《さと》すにあらず、時維《これこれ》婦寺。

（筆者訳：賢く才のある男たちが城を築くと、賢明で才徳のある女性が城を傾け国を滅ぼす。立派なその女性たちが、実はフクロウでありミミズクといった貪欲で凶暴なものなのである。女性たちのよどみないおしゃべりが災難の第一段階。世の乱れは、天から降りてくるわけではなく、女性から生まれる。教えてもダメ、諭してもダメなのは、いまどきの女性と後宮に仕える寺人（宦官）である。）

（『詩経』「大雅」「瞻卬」）

『詩経』をそのままふまえると、優秀な女性ほど政治に介入することとなり、教えても諭しても結局は無駄となってしまいます。

そこで薫子は、傾城の代表である褒姒の例を挙げ、王の寵愛を誇り、本来女性がすべきとされる蚕を養い育てて衣服を仕立てるといった仕事を行うことなく、男性の本業とされる朝廷の政事に関わることは悪である、とすることで、まずは本業に励めというわけです。教えても諭しても無駄とは説かず、女性は表立って政治に関わるな、という訓戒にしています。女性が本来なすべき勤めを、「こがひ（蚕飼い）織縫のこと」と具体的に示している点は、宮中改革後に、美子が天皇の衣服の準備を自ら行うようになった、という吉井友実が岩倉に書き送った美子の変化を思い起こさせます。

それは、女訓の世界をふまえ、妻としての本務に従事していることを意味しています。美子は、そうした夫に仕える姿を周囲に見せることで、自身が天皇の妻としての範囲に留まっていること、女権の行使には向かわないことを示したのです。

古株の女官たちが去り、後宮のトップに立った美子がどう行動するかを、周囲は注視していたはずです。そこで美子は、中国の賢婦の規範にならいました。美子にとって「学問」は、まさに現実を生きていくうえでの武器だったのです。

現実の政治とのかかわりかた

けれど実際の美子は、天皇と侍補たちが現実の政治についても話題とする内廷夜話の場に同席し、議論が白熱して対立的になれば割って入り、仲裁役を務めるなど、そのときどきの政治状況を理解し、主体的に行動していました。表立って、あるいは、周囲からそれと分かる形で動くことはなかったものの、かげでは政情に敏感に対応していたのです。

後のことですが、明治天皇の崩御にあたり、新天皇に不安を覚えた西園寺公望《さいおんじきんもち》や山県有《やまがたあり》朋《とも》が、皇太后となった美子に、天皇の後見を願い出たことがありました。このときの美子の回答が、原敬《はらたかし》の日記に記されていることを、原武史が指摘しています。（原武史『〈女帝〉の日本史』）

皇太后陛下には、夫れは政事向のことの様に思はるゝが、之を避けたし。先帝の御戒に、女は政事に容喙《ようかい》すべきものに非ずとあり。之を守りたし。併し、其已外の事ならば、何にても気の付きたることは申出よ、新帝に申上ぐべし、との御沙汰なり。古の賢婦人など云ふことは、実に此くの如き御方のことを申すならんと云へり。恐多き次第なり。（『原敬日記』一九一二年一二月二二日条）

女性は政治に口出ししてはならない、という明治天皇の訓戒を私は守りたい、だから新天皇の後見役にはならない、と彼らの提案を断ります。ただしその他のことであれば、新天皇に伝えると言い添えてもいます。

ある意味、巧みな対応といえるのではないでしょうか。美子は、わたしは表立っては政治に関与しない、と宣言しているのです。分をわきまえつつ、けれど彼女なりのやりかたで、政治の安定化に力を尽くすともいっているのです。

たぶんに高度な判断による回答といえます。それと分かる形で政治に関わることはしないというのは、「女四書」等の女訓書を通じて学んできたところであり、美子らしい身の処しかたであると周囲にも映ったでしょう。少なくとも原敬は、「賢婦人」と美子を讃え、その対応に感じ入っています。

しかし、美子の同席を前提に、内廷夜話を開催した明治天皇が、美子が政治に関わることを全面的に否定したとは思えません。あくまでもそれは「容喙」、横から口を出すことを戒めただけに過ぎないでしょう。けれど美子は、明治天皇の遺誡をたてに、その戒めを遵守するとして、政権にある者たちの申し出を退けたのです。

公的な形で後見役となるのではなく、その時々に必要な事柄を新天皇に伝える。しかし当然のことながら、そうした行為は、情報提供に留まらず、時に対立や利害の調整にも及ぶものです。美子の役割は十分に政治的です。

「女四書」を行動の指針として掲げ、自らが率先してその訓戒を守り、周囲の女性たちにも規範のたいせつさを示すことで、政治の混乱を避ける。それが、美子が創り上げた皇后としてのありかたです。そうした「学問」に基づく皇后像を体現していくことで、美子は周囲の信頼を獲得していきます。

一八七九年（明治一二）、内廷夜話において詠史が行われていた頃、美子は「夫婦有別」

と題した一首を詠んでいます。

むつまじき中洲にあそぶみさごすら　おのづからなる道はありけり
（筆者訳：仲良く情愛細やかに川の中洲で遊ぶミサゴでさえ、雌雄それぞれにおこなうべきことはあるのだなあ。）
（『昭憲皇太后御集』）

「みさご」から、第二章で言及した次の『詩経』「周南」の「関雎《かんしょ》」をふまえていることは明らかです。

関関雎鳩　　関関たる雎鳩《しょきゅう》は
在河之洲　　河の洲に在り
窈窕淑女　　窈窕《ようちょう》たる淑《よ》き女《むすめ》は
君子好逑　　君子の好《よ》き逑《つれあい》
（筆者訳：かあかあと鳴くミサゴは島の中洲にいる。物静かな娘は、立派な男性の良き伴侶である。）
（『詩経』「周南」「関雎《かんしょ》」）

ミサゴでさえ、雌雄それぞれに果たすべき役割がある、まして人であれば、男女それぞれに踏むべき行いの筋道があり、役割がある、と詠むことで、美子は、皇后という権力に近い立場にあっても、天皇のあくまで妻であるとして、分を超えないことを示します。男女の役割に、明確に一線を引く美子のありようは、政界の権力者たちを安心させたはずですし、広く一般に向けても、男女のありよう、関係性を示すことにつながったはずです。

西欧化への協力

とはいえ、改革派の人々は、時代に即した新たな役割を美子に求めていきます。それはときに、薫子や永孚の教えとは異なる面をもちました。尊皇攘夷思想を守って譲らない薫子によって教育された美子は、関口すみ子のことばを借りれば、「皮肉にも、「文明開化」の旗手として持ち上げられ、その運命を引き受け」ることになったのです。（関口すみ子『御一新とジェンダー 荻生徂徠から教育勅語まで』）

たとえば『和解女四書』には、「女四書」の注釈を超えて、薫子が自身の思いを加筆している箇所があります。

支那には、放伐といふことありて、天子不徳なれば、臣下の徳望あるもの、兵を起し、天子を攻亡して、自《みずか》ら天子となり、君を誅し民を吊《とむろ》ふといへり。是大きに名義に害あることとなれ共、支那は代々此の如きにより、明《あきらか》に其非をいへる物稀なり。我国は、天祖肇《はじ》めて鴻基《こうき》を建《たて》玉ひ、天孫、天工に代り、天職を治め、大業を経倫し玉ひしより、聖子神孫、代々宇内に照臨し玉ひ、君臣の大義、天地と共に窮極《きわまり》無く、古昔より、未だ曾て一人も、敢て天位を覬覦《きゆ》する物あらず。誠に天地の元気万国の綱紀と云べし。近世に至り、民情日に年に薄悪に趨《おもむ》き、無識の徒《と》国体を弁知せず、或は西洋共和の説を唱るに至れり、長歎大息の事ならずや。（『和解女四書』『内訓』「積善章第八」）

中国の女訓書に学ぶことの重要性を説きつつも、薫子は、君主が徳を失ったことにより、徳のある臣下に武力で倒され、君主が交代し、新たな王朝が建てられた中国と、日本との違いに言及します。日本では、昔からいまだかつてひとりとして、身分不相応にも天子の位を望もうとした者はおらず、それは国に活力があり、規律や秩序が保たれているからだと説明します。

けれど近世に至って、人々の気持ちは年々日々に薄っぺらで悪い方に向かうようになり、知識や見識のない輩は、日本が天皇を中心とした秩序ある国であることをわきまえ知ることなく、あるいは、西洋の君主が存在しない国の説を唱えるまでになってしまった。なんとも、嘆かわしくため息のでることではないか、と現状を批判するわけです。

尊王攘夷思想を堅持し続けた薫子にあってみれば、あり得る感慨でしょう。美子への講義の端々にも、そうした憤懣《ふんまん》やるかたない思いは吐露されていたと思います。

しかし、皇后となった美子は、薫子の願いに反して、それが必要な政策であると判断すれば、積極的に協力していきます。

そのひとつの例が、衣服の洋装化です。

明治天皇が洋装化に消極的であったことは知られています。西欧化政策の推進者であった伊藤博文と天皇の関係も、この欧化政策をめぐって滞ることがありました。そうした時期、一八八三年（明治一六）の様子を、永孚が書き留めています。


聖上親喩シテ曰。両大臣ヨリ、伊藤ヲ以テ兼宮内卿ノ事ヲ奏セリ。朕惟《ちんおも》フニ、宮内卿トナルモ宜シ。然ドモ、伊藤欧風ヲ好ム。宮中ノ事、必改革スベシ。仍《より》テ、後宮衣服ノ事ニモ及ブベク、困却ノ次第、予《あらかじ》メ慮ラザルベカラズト。臣、対テ曰、伊藤ノ意見ハ、帝室ヲ尊重ニスルヲ主トス。若シ後宮ニ及ブ日ニハ、陛下、許可シ玉ハズシテ可ナリ。

（「古稀之記」）

美子真影

伊藤の宮内卿就任を反対はしないものの、伊藤の欧風好みにより、宮中の改革が行われ、衣服の洋装化に及ぶことは困ると思い悩む天皇に対して、永孚は、伊藤の意見は皇室を尊重することに主眼があるのであって、もし、後宮に影響が及ぶ場合には、許可しなければ良い、と助言しています。

しかし実際には天皇も軟化し、一八八六年（明治一九）には、皇后ら皇族や高官夫人の洋装を許可します。皇后はこの通達の一週間後に、はじめての洋装で華族女学校を訪問し、翌年一月には、大礼服をまとって新年の儀式に臨むとともに、自ら「女性の服制に関する思召書」を発することで、女子の洋装を奨励します。

美子のこうした新政府に協力的な姿勢の背景には、洋装化が、たんなる欧風好みによるものではなく、日本の国際的な地位に関わる重要な政策であることへの理解があったはずです。

鹿鳴館の総工費が一八万円、総理大臣の年俸が一万円、他の大臣が六千円だった当時、皇后の大礼服の総額が約一三万円であったこと（坂本一登『伊藤博文と明治国家形成―「宮中」の制度化と立憲制の導入―』）からすれば、皇后の洋装化が、国策の一環として行われたことは明らかでした。美子は自らの身体をもって、西欧化という国の政策に与したのです。

坂本一登は、洋装をはじめとして、外国人の謁見や鹿鳴館の慈善バザー、赤十字の活動など、美子が西欧スタイルの役割を引き受けていたことについて、時代の趨勢を理解する美子の聡明さに加えて、一〇年代後半、緊張しがちな「宮中」と「内閣」との間を調停し、両者の紐帯を強固にしていこうとの意思が美子に働いていたと推測しています。

さらに、美子の政府指導者への配慮が、いかに彼らの忠誠をつなぎとめたか、天皇と内閣を対立に至らせなかった求心力としての美子の存在の重要性を指摘するとともに、一八七一年（明治四）の宮中改革後、美子が、後宮と政治との間に一線を画すことを意識し、政策の要求や現実政治に介入しなかったことが、政治の安定に寄与したと解説しています。（坂本一登『伊藤博文と明治国家形成―「宮中」の制度化と立憲制の導入―』）

側近への細やかな心遣いという点では、第二章に記した、永孚を労る姿が思い出されます。それは、人心掌握に長けた巧みな振る舞いでもあります。

永孚による訓戒や「女四書」の教えを引き合いに出すことで、女官たちを統率していく。

美子は、「政治に関わるな」の教えを遵守する姿を示すことで、むしろその存在の政治的重要性を増していったように思います。

政治には関与しない、しかし、情報には敏感な美子の姿を伝える逸話があります。琉球の帰属問題が持ち上がっていたときのことです。

是の日、一等侍講副島種臣、拝賀の節皇后に対し、琉球問題を繞《めぐ》る我国と清国との関係に就きて、忌憚《きたん》なき意見を陳上す。傍に侍せる三等侍講元田永孚之を聞き、其の時・所・位を顧みざる意外の言に且は驚き、且は怪み居りしに、皇后更に御気色麗しく、今日の形勢一大事なれば、爾後も尚意見あらば、忌憚なく申すべき旨の御詞を賜ふ。永孚其の御大度に深く感銘せりと云ふ。

（『昭憲皇太后実記』明治一二年五月二八日条）

他国との対立という緊迫した政治状況について、副島種臣が美子に意見を述べました。永孚は、時と所、身分を顧みない行いだとして、副島の行動に驚きを隠せませんが、美子は気にかけることなく、むしろ機嫌良く、国にとって喫緊の一大事なのだから今後も遠慮無く意見を述べるように、と返しているのです。

洋装化の翌年、美子は「述懐」と題して次の二首を詠んでいます。

外国《とつくに》のまじらひ広くなるまゝに　おくれじとおもふことぞそひゆく

をさな子の学ぶを見てもいたづらに　おひたちし身ぞ悔しかりける

（『昭憲皇太后御集』）

美子の目は、海外へと広がり、遅れまいとする気持ちに拍車がかかっていきます。新しい知識にふれて学ぶ子どもたちの姿を見るに付け、いまに至るまで、むなしく年を重ねてきてしまったと、我が身を悔やみます。美子は、尊王攘夷を貫いた薫子の教えは教えとしつつも、もはやその枠内に留まることはできません。

やがて美子は、女性向け道徳書の編纂という形で、教育に主体的に関わっていきます。それは、中国の后が女訓書を残したことにならうかのような、教育への自主的な参画です。一八七七年（明治一〇）成立の『明治孝節録』と同二〇年成立の『婦女鑑』、一〇年の時を挟んで編纂された二書を手がかりに、美子が企図した女性教育を追ってみます。

第四章　国民への道徳教育『明治孝節録』

明治時代には、皇后美子の内旨によって、二冊の道徳書が編纂されました。一八七七年（明治一〇）成立の『明治孝節録』と、一八八七年（明治二〇）成立の『婦女鑑』です。いずれも宮内庁蔵版による官製の修身（道徳）書です。『明治孝節録』は、前代にも行われていた全国の善人伝を収集して一書とする試みを受け継いでいますが、前代にはない新しさも備えていました。それは、当時最新のメディアであった新聞を情報源として利用したことです。しかも、維新による混乱がいまだ醒めやらぬ社会状況を映し出すかのように、『明治孝節録』の挿絵には、大衆の興味や関心を煽るような描写が見られます。皇后の命により編纂され、教育現場でも使われた道徳書、という情報からすると、おそらく現代人の多くは、その内容に驚くことでしょう。明治一〇年当時、美子はこうした道徳書を通して、女性に何を学ばせようとしたのでしょう。

『明治孝節録』成立の経緯

明治期の道徳書を見てみると、発行元に関して、文部省編纂局刊行、宮内省刊行、民間刊行の三系統のあることがわかります。このなかで、教科書の出版を管轄する文部省ではなく、宮内省が独自に編纂、刊行した官製の道徳書が三つありました。

一八七七年（明治一〇）成立の『明治孝節録』、一八八二年（明治一五）成立の『幼学綱要』、一八八七年（明治二〇）成立の『婦女鑑』です。『明治孝節録』と『婦女鑑』が皇后美子の内旨により編纂されたのに対して、『幼学綱要』は天皇の命により編纂されました。

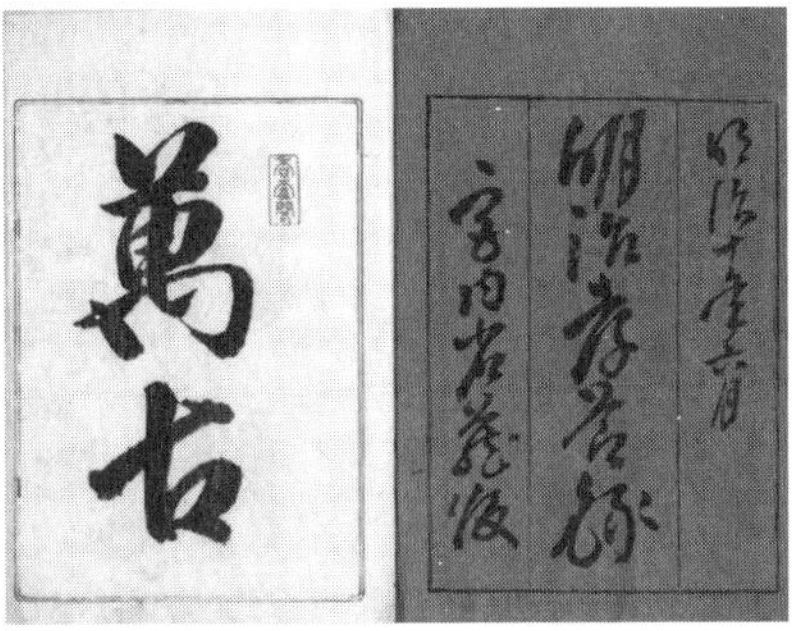

明治 10 年宮内省蔵版『明治孝節録』
（名古屋大学ジェンダー・リサーチ・ライブラリ蔵）

こうした道徳教科書の編纂は、天皇および皇后が、ものごとの善し悪しを判断し、国民ひとりひとりが守るべき行為の基準を示すことを意味します。それは結果的に国民を、自発的に「正しい」行いへと向かわせる統治のための試みといえます。

そして、天皇、皇后による編纂事業の背景には、側近の存在がありました。

明治維新の後、近代化をめざした日本政府は、一八七一年（明治四）に文部省を設置し、翌年「学制」を発布し、男女の別なく、国民すべてに初等教育を施す学校制度を定めます。しかし、この「学制」発布以降の、政府主導により展開された洋学重視の教育政策が、結果的に道徳教育の軽視を招いたとして、一八七九年（明治一二）、天皇の名で「教学聖旨」が政府首脳に示されます。

「教学聖旨」の草案を書いたのは、天皇を補佐指導する立場にあった侍補・侍講の元田永《なが》孚《ざね》です。前章でもふれたとおり、永孚は、皇祖天照大神の教えのもと、我が国に伝統的な仁義忠孝を「本」、西洋の知識才芸を「末」とし、本末を違えることなく兼備することの必要性を説くことで、政府を超えた天皇による統治を道徳教育の核心に置こうとしていました。儒教思想に基づくその教育方針は、文明開化の推進を批判し、政府首脳の教育政策に転換を迫るものでもありました。

実は、この「教学聖旨」が示される前年の一八七八年（明治一一）、北陸・東海地方への巡幸が行われています。その旅で天皇は、視察先の学校でのある場面を目にします。東京に戻った天皇は、そのときの驚きを、永孚に語りました。

北越御巡幸、諸県学校ノ生徒ヲ、御覧ゼラル、ニ、英学ノ講釈ニ、英語ハ能《よ》ク覚エタルニ、之ヲ日本語ニ反訳セヨ、ト仰セ付ケラレタレバ、一切ニ能《あた》ハザリシナリ。或ハ、農商ノ子弟ニシテ、家業モ知ラズ、高尚ノ生マ意気ノ演述ヲナス等、皆、本末ヲ愆《あやま》ルノ生徒、少ナカラズ。是全ク、明治五年以来、田中文部大輔ガ、米国教育法ニ拠《よ》リテ組織セシ学課ノ結果ヨリ、此弊ヲ顕ハシタルナリ、ト、進講ノ次ニ、御喩アラセラレ、誠ニ、御明鑑ニアラセラレタリ、ト、賛成シ奉リタルナリ。

（「古稀之記」）

視察先の学校の英文講読の授業で、英文の内容はよく覚えているのに、日本語に翻訳するようにと命じられると、全く訳すことができない。あるいは、農家や商家の家の子が、家業については知らないにもかかわらず、立派で生意気な講釈をたれる、といった具合に、本末を間違えている生徒が少なからずいました。

そこで天皇は、こうした事態は、明治五年以降、文部大輔の田中不二麿《ふじまろ》がアメリカの教育法に従って組織した学業課程の結果により顕れた弊害である、と、永孚の講義の続きにたとえとして話したというのです。これを聞いた永孚は、実にご明察でらっしゃいます、と、天皇の考えに賛成するわけです。

明治天皇が、永孚が思い抱く教育方針に、極めて近い立場にあったことがわかります。

講義の場や、おそらくは内廷夜話などの機会を通じて、永孚は天皇を「教育」し、それは確実に成果を上げていました。

そうした永孚ら、教育に関わる天皇側近の動きが活発化していくなかで編まれたのが、『明治孝節録』です。皇后美子の命によるとはいえ、『明治孝節録』には、永孚による序文、太政大臣・三条実美《さねとみ》による書、侍講・福羽美静《ふくばびせい》による序、文学御用掛・近藤芳樹《よしき》による例言が配されるなど、天皇側近の関与は明らかです。

『明治孝節録』は、漢字仮名交じり文、和装本四巻四冊、本編一三八話、附録三九話からなり、孝子、節婦、二〇〇余の事蹟を、列伝形式で記しています。つまり彼らは、皇后により、「善行者」と判断された者たちなのです。登場する「善行者」は女性に限りませんが、全体の約半数を占めることから、女性への道徳教育にも活かせる内容といえます。

侍講の福羽美静が記した巻頭の「序」には、成立の経緯が次のように記されています。

この書は、これわが明治聖主の親愛したまふところの皇后宮の内旨によりて、成れるものなり。皇后宮、かしこくも至尊につかへたまふのいとま、このみて書をよみたまひ、また、侍する所の女官をして、なにくれの書をさぐらしめ、筆記せしめたまへり。この孝節録も、もとは新聞紙などよりぬき出たるが、つもれるなり。しかるに、編いまだならざりしとき、明治六年、皇城の炎上にあたり、其稿本もまた灰燼となれり。美静、侍講の任たるにより、かねて其事にあづかれるをもつて、ふたゝび其挙におよび、官府賞与の簿冊等より、其伝のいちじるきをとりあつめて、これを皇后宮に奉ぬ。こゝにおいて、近藤芳樹をして其作文をなさしめたまへり。名づけて明治孝節録とよべり。（『明治孝節録』「序」）

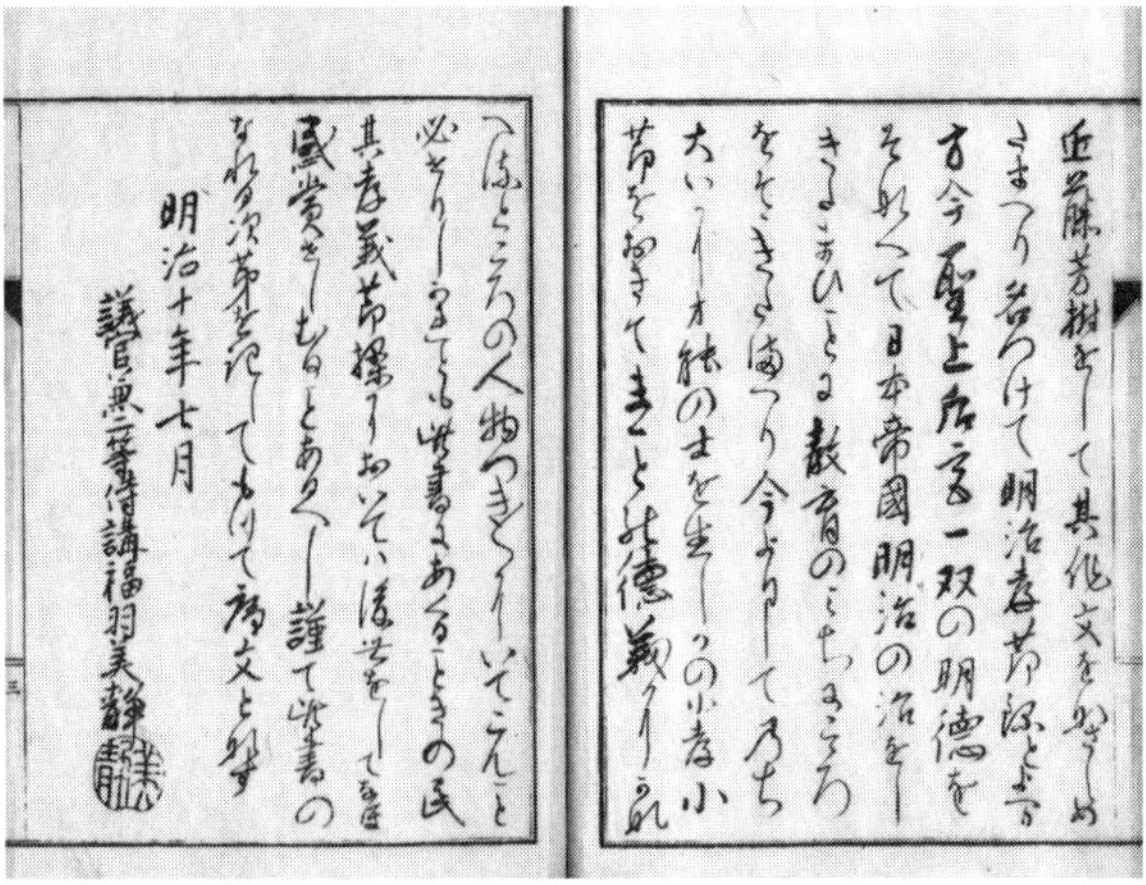

福羽美静による『明治孝節録』「序」
（名古屋大学ジェンダー・リサーチ・ライブラリ蔵）

皇后は、時間があると好んで読書をするいっぽう、仕える女官に命じて書物を探させ、内容を書き写させていた。この『明治孝節録』も、もともとは新聞から抜き出した記事がたまった結果の書である。けれど、編纂作業がまだ終わらないなか、一八七三年（明治六）に起きた宮中の火事で原稿は焼けてしまった。私（美静）は、侍講の任にあり、以前よりこの編纂に関わっていたので、再度編纂をめざし、官庁から賞与を受けた者の帳簿などから、その善行のとくに優れた者の記録を収集し、皇后に献上し、このたび近藤芳樹に作文させて一書とした。これを名付けて『明治孝節録』という、とあります。

福羽美静と近藤芳樹

福羽美静といえば、まずは日本近代における宮中祭祀の基礎を確立した人物として取り上げられることが多いでしょう。

たとえば、阪本健一は、とくに一八六九年（明治二）から一八七一年（明治四）にかけての日本の政治状況を、「明治中興は建武中興となる恐れ」のある危機的なものであったといいます。維新後、王政復古を掲げたものの、実際のところは瓦解の瀬戸際にあり、その主たる原因は、政教両面における中心勢力の欠如であり、そこで新政当初に標榜されたのが、「祭政一致」だったと説きます。（阪本健一『明治神道史の研究』）こうした状況のなか手腕を問われたのが福羽でした。したがって福羽が、神道だけでなく、「日本精神の独立」の基礎となる教育に向かうことは、ある意味、必然だったといえましょう。

福羽は、幼児教育について次のように述べています。

俗間の譬《たとえ》に、三つ子の心六十までとか、百までとか、いふことあり。幼者の一念おこさしむる為には、話し聞かせて置くべき事、三つあり。此話は、小学校分際にては耳にはとまらぬ事ながら、教育者には、其心不断に存し、何事の話の末にも、其三個の心を抱くべき事なり。三個とは、左のごとし。

帝道の尊儀、王政の態、王民の勤。

（「幼者に対する昔話」）

おさなごに、「帝道の尊儀、王政の態、王民の勤」、この三つをたたき込む。その際の効果的、かつ簡便な教授法として、歌人でもあった福羽は、親しみやすい口調の韻文を提唱しています。

後のことですが、福羽は、一八八四年（明治一七）に『女徳』と題した女性教育書を執筆しています。この『女徳』は、同年八月に二日連続で「明治日報」に掲載されたほか、「よめいりのみやけ」という副題付きで出版されたり、雑誌『少年園』（一八九一年五月一八日号）に掲載されるなど、さまざまな形で世に呈されていきました。（榊原千鶴「明治二十四年の『からすまる帖』―福羽美静にみる戦略としての近代女性教育―」）

かへすぐ〳〵も女たち、なすべき業はかろからじ。すべてよのなか人々の、其よしあし

福羽美静『女徳』（名古屋大学ジェンダー・リサーチ・ライブラリ蔵）

は人々の、育ちと習によるぞかし。それその人を育つるは、これみな女の膝のうへ、其をさな児によき種を、さづくるはみな女子の業、女徳はきはめておほいなり。ゆるがせにすな怠るな、つとめよはげめ婦女子もろ人。（『女徳』）

福羽は、侍講、歌道御用掛として、歌文や『古事記』『烈女伝』『国史纂論』などの講義を行うかたわら、女性はどうあるべきか、何を学ぶべきか、といった女性のありかたや、身につけるべき徳や知識教養など、「女学」に関する美子の質問にも答えていきます。

美子の問いは、皇后としてあるべき女性像を体現するためのものであると同時に、世の女性たちを、「望ましき女性国民」へといかに導いていくか、その手段方策にも及ぶものだったはずです。

そして福羽は、教育書の執筆だけでなく、女性教育の現場でも、その教育方針の徹底を図っています。

一八八〇年（明治一三）、福羽は東京女子師範学校の第二代摂理（校長）に就任します。在任期間は一年と短かったものの、彼の着任は、「それまで一時期西欧化日本のシンボル的存在の観さえ呈した東京女子師範学校の歴史に生じた、国粋主義化というひとつの曲がり角を象徴する事件」（『お茶の水女子大学百年史』）と評されるものでした。

同校一期生の青山千世は、福羽の人となりと、同校の教育方針の変貌ぶりを、娘の山川菊栄に次のように語っています。

〔筆者注・福羽は〕平田派の国学者で復古主義者、かつ神がかりの狂信家で日本の天皇が世界を征服する日が遠くないと信じ、日清戦争のときも、日露戦争のときも、これは神代の昔からきまっていたことで、いよいよ日本が地球の上に君臨する日が来たと信じていた人でした。反動化した明治政府が中村先生のあとにこの人をもってきたのは偶然でなく、きのうまでの「男女同権」「独立自主」のスローガンは「女は女らしく」ときりかえられ、『西国立志篇』は『女大学』に変り、生徒に小倉袴をぬがせて大きな帯をしょわせ、高島田、薄化粧で礼式のけいこをさせるようになり、創立当時の趣意とは逆の方向に楫《かじ》がとられました。　（『おんな二代の記』「西南戦争のころ」）

『明治孝節録』の編纂に深く関わった福羽美静とは、国粋主義的な思想の持ち主であり、女性教育においても、儒教思想を基とした封建的な方針を教授すべき道徳と考える教育者でした。

いっぽう作文を担当した近藤芳樹も、歌道御用掛、文学御用掛などを勤めた国学者で、そもそも宮内省出仕の背景には、『明治孝節録』執筆の職務があったといいます。（宮本誉士『御歌所と国学者』）

近藤は、『古今和歌集』の講義を担当するほか、『源氏物語』は紫式部が皇室の尊重を説くために著した書であるとする『源語奥旨』なども著しています。影山純夫（「近藤芳樹の学問と思想」）によれば、一八七六年（明治九）刊行の『源語奥旨』は、『源氏物語』の研究書というよりは道徳書に近い内容であるといいます。

すなわち、『源氏物語』は、皇族の尊厳が蔑ろにされている状況を憂いた紫式部が、その憂いの思いを物語という方法で表現した「実用の書」であり、紫式部は「賢女の鑑」であるとします。近藤は、「男女の物語を描く『源氏物語』でさえも天皇中心の国家体制確立に資することを意図した書」（影山純夫「近藤芳樹の学問と思想」）と位置づけるような学者だったのです。

『明治孝節録』に載るふたつの「序」は、元田永孚と福羽美静が執筆し、作文は近藤芳樹が担当しました。侍補でもあった永孚の思想傾向は、本章に至るまでに述べてきたところです。彼らに囲まれ、教育されるなかで、美子による『明治孝節録』編纂の「内旨」は発せられたのです。

善人伝の系譜と素材

ところで、善行者の伝記を広く収集して一書とする試みは、『明治孝節録』がはじめてではありません。たとえば、一八〇一年（享和元）に幕府が編んだ『官刻孝義録』五〇巻五〇冊は、江戸時代における最大規模の善人伝です。

良き行いをしたと判断した者に金品を与え、その行いを称えることは、勧善懲悪による強化政策のひとつとして、前代より行われてきました。ただし当然のことながら、ここで善行と認定され、取り上げられるのは、その時々の為政者が、権力を行使する上でふさわしいと考える「善行者」です。

明治政府もこうした施策を受け継ぎ、一八七五年（明治八）に、孝子や節婦らへの褒賞を制度化し、維新により混乱した社会秩序の回復を図ろうとします。そうした状況を思えば、『明治孝節録』の編纂も、明治政府の方針に沿う形で進められたと考えられます。

ならば美子は、側近や政府の方針を鵜呑みにし、ただ従うだけだったのか、といえば、それは少し違うように思います。

美子の「師」であった若江薫子が、国の望ましき有り様を具体的な政策を通して論じた「杞憂独語」には、「忠臣孝子義夫節婦を褒賞すべき事」という項があります。

一、忠臣、孝子、義夫、節婦などを褒賞せらるゝこと、聖代の美政なるに、近頃此事行はれず。徳川氏、政柄を秉《と》りし時には、彼褒賞すべき者あれば、僅《わずか》に銀、若干枚を与ふるのみなれば、後来の勧とするに足らず。今より以往、庶人には、或は一口二口の糧を賜りて、其身を終《おわら》しめ、士分以上の者には、夫々《それぞれ》官位を賜りて、懦頑《だがん》の者を激励せらるべし。

（「杞憂独語」続編「第二一　忠臣孝子義夫節婦を褒賞すべき事」）

薫子は主張します。

忠臣・孝子・義夫・節婦を褒め称え、褒美を与えることは、優れた天子の立派な政であり、幕末には行われていない。徳川氏が政治上の権力を握っていたときには、褒賞すべき者にわずかに銀を数枚与えるだけだったので、後代に奨励するには不十分であった。だから今後は、一般庶民には一人、あるいは二人分の生活に必要な食糧や費用を与え、死ぬまで生活に不自由しないようにし、武士かそれ以上の身分の者には、それぞれ官位を与えることで、物事をやり通す気構えのない者や、強欲な者を励まし、善行に向かわせるようにするのがよい、と。

美子の行動の背景に、常に「師」の影響を見ることは、避けるべきでしょう。けれど、薫子が一八六七年（慶応三）に示したこの提案が、八年後、褒賞の中身に違いはあったとしても、明治政府より現実の政策として実行されたことは事実です。

そうであってみれば、美子も、「善人」を褒賞することの意味を兼ねてから理解しており、違和感を覚えることなく、むしろ進んで『明治孝節録』の編纂事業に取り組もうとした、と考えることも可能ではないでしょうか。かつて薫子が望ましいと考え、かくあるべきと主張し、美子にも説かれた国家のありかたや具体的な政策は、そのすべてが新政府によって否定されたわけではなく、取り入れられる要素もあったのです。

ところで、福羽美静の「序」にある「官府賞与の簿冊」については、「『大蔵省考課状』の簿冊記録を中心にとりあげ、それに『府県史料』などから補完したのではないか」とする推測（西谷成憲「『明治孝節録』に関する研究　明治初期孝子節婦等褒賞との関連において」）に対して、勝又基は、『大蔵省考課状』を『明治孝節録』の典拠とするのは不十分であり、『府県史料』が『明治孝節録』の編纂に使われた可能性も低いとしています。（勝又基「善人伝のゆくえ」）

そして勝又は、『明治孝節録』の素材は、新聞や写本・刊本の孝子伝から採録されたとし、素材収集段階での前代にはない新しさとして、「成立して間もない新聞というメディアを、信頼に足る情報源として一書を為そうという試みが、他でもない皇后とその周辺によって企図されていた」点を興味深いことと指摘しています。（勝又基「善人伝のゆくえ」）

たとえば、女官として美子に仕えた山川三千子は、皇后が官報のほかに、九種の新聞を熱心に読んでいたこと、さらに、そうした新聞は、一号から青山の文庫に保管されていたことを書き留めています。（山川三千子『女官』）

新聞というメディアの何が、美子をとらえたのでしょう。そして、民間のメディアへの近接は、『明治孝節録』にどのような影響を与えたのでしょうか。

追い詰められる女性

維新から間もないこの時期、秩序を回復させ、社会の安定化を図ることは急務でした。福羽は「序」で、『明治孝節録』を編纂するに至った次第を次のように記しています。

方今、聖上后宮、一双の明徳をそなへて、日本帝国明治の治をしきたまひ、ことに教育のみちにこゝろをそゝぎたまへり。今よりして乃ち、大いに才能の士を生し、かの小孝小節をおきて、まことの徳義にかなへるところの人物、つぎ〳〵にいでこんこと、必せり。しかれども、此書にあぐるごときの民、其孝義節操においては、後世をして、なほ感賞せしむることあるべし。

（『明治孝節録』「序」）

まさにいま、天皇と皇后は一対の正しく公明な徳を身につけて、日本帝国による明治の政治を広く行きわたらせられ、とりわけ教育の分野に心身の力を尽くしてらっしゃる。したがって今後は、才能ある人材を大いに活かし、ささやかな親孝行や節義を守る人を据え、うそ偽りのない人としてふみ行うべき道徳上の義務を果たす人物が、必ずや次々に現れることは間違いない。とはいうものの、この書に挙げたような民と、その孝行ぶりや節操を固く守るさまは、後の世にあっても感心し、褒め称えるにふさわしいものにちがいない、と、『明治孝節録』をまとめる意義を説いています。

いっぽう近藤は「例言」で、『明治孝節録』は、士農工商の四民のうち、幼いときから書物を読み、道徳を知る「士」ではなく、孝悌忠信の何たるかを知らない「農工商」の人々を主な対象に、訓戒を説くために編集したとします。

『明治孝節録』が、新聞を重要な情報源としていたことは先にふれたとおりで、勝又基は、

「これら孝子・節婦の記事は、官憲が関わる内容でありながら、「官令」「公聞」などといった各省からの決議事項を記している欄には載らず、「江湖叢談」(『東京日々新聞』)や「県新聞」(『日新真事誌』)といった雑報欄に収められて」おり、孝子や節婦の記事が、「世間話的な扱い方をされている」ことに言及しています。(勝又基「善人伝のゆくえ」)『東京日々新聞』を典拠としたことは、当時の新聞がもつ扇情的要素もまた、『明治孝節録』と無縁ではなかったことに気づかせてくれます。すなわち、錦絵新聞の存在です。

錦絵新聞は、一八七四年(明治七)八月に出版された錦絵版『東京日々新聞』を嚆矢としますます。一八七二年(明治五)に創刊された日刊の『東京日々新聞』(現『毎日新聞』)が知識人向けであったのに対して、そのなかの、全国の雑報記事を集めた「江湖叢談」欄をもとに、事件や美談、奇談など、人々の好奇心をくすぐる記事を撰んで錦絵化したのが錦絵版『東京日々新聞』です。ひとつの記事を錦絵一枚に描いたもので、仮名しか読めない大衆にも、理解しやすいメディアとして人気を博しました。

開始にあたって出された「開版予告」には、「童蒙婦女に勧懲の道を教る一助」として、「各府県下の義士、貞婦、孝子の賞典、凶徒乃天誅、開化に導く巷談街説」を伝えていくという方針を掲げています。(千葉市美術館編『文明開化の錦絵新聞―東京日々新聞・郵便報知新聞全作品』)

錦絵新聞の方針は、「農工商」の庶民に孝悌忠信、道徳を説くという『明治孝節録』の目的に通じていました。庶民にとって世間話は、その卑近さこそが魅力的、かつ効果的であり、巷間にも広まりやすいものです。新聞の熱心な読者であった美子にとって、それは恰好の素材だったのです。

事実、『東京日々新聞』と錦絵新聞が取り上げ、『明治孝節録』も掲載している事件があります。長野県に住む宇兵衛の妻せんが、無頼の悪僧に襲われ、貞操を守ったために殺されたというものです。事件の記事は、一八七二年（明治五）五月二一日付の『東京日々新聞』第一号で取り上げられましたが、錦絵新聞となって出版されたのは、二年後の一八七四年（明治七）一〇月でした。

貧しく、しかも難病の夫を看護するなかで殺害されたことから、せんの貞操のかたさ、すなわち「貞婦」としての有り様が注目を集めたわけですが、錦絵が描く、血の付いた刃を振り下ろそうとする僧と、僧の足に首をねじ伏せられながらも僧の脛にとりつき、殺されまいともがくせん、という構図と鮮やかな色彩により描かれた凄惨な場面が、見る者をとらえたことは否めません。

『明治孝節録』も、「奸僧迫りて節婦を殺す図」と題した挿絵を付して、この事件を取り上げました。「奸僧迫りて節婦を殺す図」は、錦絵新聞の構図とは異なり、奥の間で病床に臥す夫と、その眼前の寝床の上でせんに襲いかかる僧、僧に口を封じられ、刺されなが

錦絵新聞　『東京日々新聞』第１号「貞婦せん」
発行年月：明治７年10月／元記事：明治５年２月21日（旧暦）

らも逃げようとするせん、そして、襖に飛び散る鮮血が描かれています。『明治孝節録』は白黒なので、カラーの錦絵新聞ほど強烈な印象を与えはしませんが、扇情的な描写であることは同じです。

ここで『明治孝節録』がせんに与える評言は、同書が女性に何を求めているかを端的に表しています。少し長くなりますが、以下に引きます。

嗚呼せん。婦道を守りて、貧困の中に、夫の難病を看護せる行状、これのみだに、尋常《よのつね》女子の及び難き事なるを、つひに一命を惜まで、姦僧の強奸《きようかん》を防ぎ、節義を全くせしは、実に稀世の烈女といはざるべけんや。こゝに於て、賞典の事におよびしに、かくの如きの例、をさ〳〵なければ、廷議も定まりかねしかど、近世軍役に戦死せし士は、金百五十円賜はる規則あり。さばかり厚き褒賜をうくるは、臣分を尽して、矢石を犯し、命を戦場に棄ればなり。然ればせんが、婦道を守りて、白刃のしたにたち、命を寝所に棄たるも、事こそかはれ、一轍《いってつ》とやいはまし。さはあれど、その節義こそ、士の君における、婦の夫における、かはることあらざらめ。国家の為に討死せし大功には准《なぞら》へがたければ、彼戦士の賞典を折半して、金七十五円を下され、年中掃墓の資に給し、没後救助の料に充《あて》、さて志操を門閭《もんりょ》に表せば、おのづから淫靡の悪風を

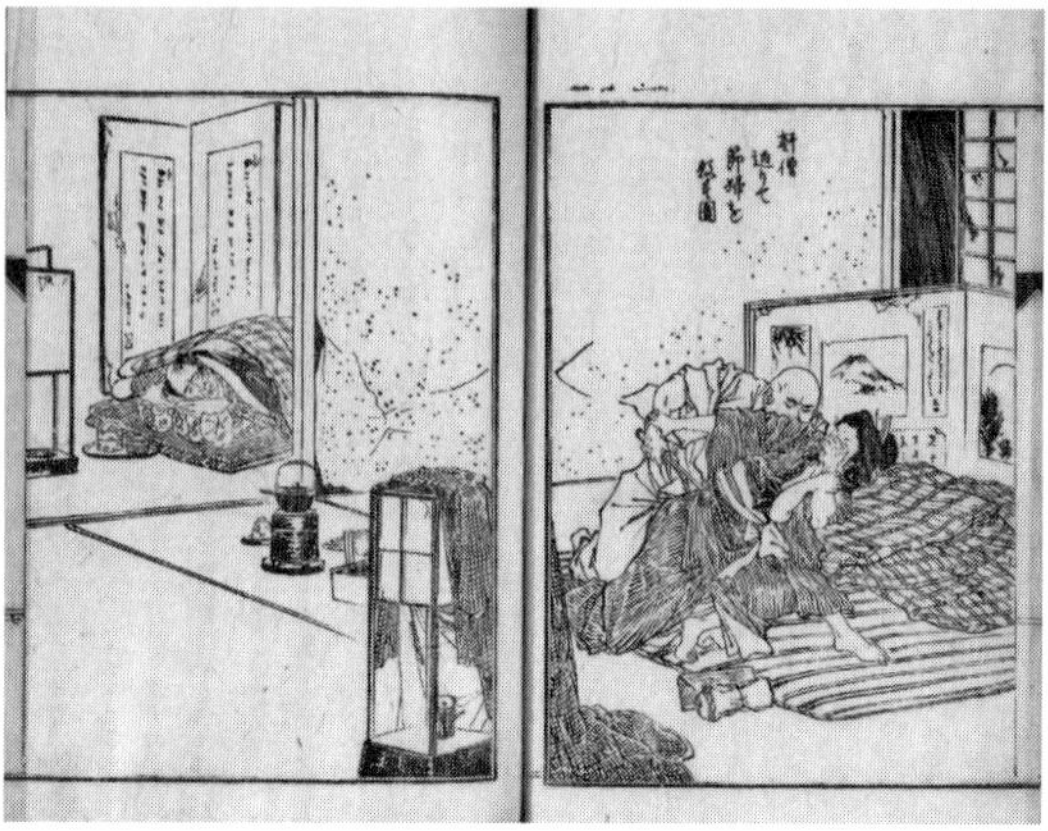

『明治孝節録』巻二「奸僧迫りて節婦を殺す図」
（名古屋大学ジェンダー・リサーチ・ライブラリ蔵）

遏《とど》むる一端ともなりぬべし、といふに決定して、その如く行はれけり。

（『明治孝節録』巻二「せん女」）

『明治孝節録』はせんを、「稀世の烈女」と評し、命がけで節義を全うした彼女の行為を褒め称えます。そして、めったにないことだからと、朝廷の議論で決まったわけではないながら、報奨金を与えます。報奨金は、当時戦死した者には一五〇円を与えるとの規則をもとに、その半額としました。半額とした理由は、戦死も婦道を貫いての死も、志一筋という点では同列であるものの、せんは国家のために命を落としたわけではないから、というものでした。

加えて、せんの堅く守った思いを村落の入口の門に掲げて示せば、おのずと節度のない風俗の乱れといった悪い風潮を防止する一助になるはずだと決め、それを実行したというわけです。

　せんが称賛されればされるほど、女性たちは、命よりも貞操を守ることの方がたいせつだ、との価値観のなかに追い込まれていきます。したがってもし、同じような状況に遭遇した女性が、貞操を失うことより生き延びることを選んだ場合、周囲からどのようなことばが投げかけられるか。おそらくそこに、非難の声の混じることは、容易に想像できます。なぜなら、褒賞という手段を用いて、貞操を守れないときは死ねというメッセージを、国家が発しているからです。しかも、命に値段を付けることの是非や、算定の根拠は措くとして、結果的に、せんの命は男性の半分と値踏みされています。

　この事件を取り上げ、せんを「稀世の烈女」ともてはやす『明治孝節録』、すなわちその制作を命じた皇后美子と、実際の編纂にあたった側近たちも、こうした価値観による国民教化に与していたわけです。

　病身の夫を看病し続け、貞操を守って節義を貫いた「おかげ」で、せんの墳墓は常に掃き清められ、残された夫にも救いの手が差し伸べられます。しかも彼女が住んだ村に入る門には、「婦道」を守った女性を生んだ村との賛辞も掲げられます。近代化以前の村落共同体のありよう、相互扶助の関係や結びつきの強さを思えば、村から褒賞者を出すことが、村落間の優劣、あるいは、村内での人間関係に及ぼす影響の大きさが想像できるでしょう。

せんの行為は、彼女の思いや主体性などお構いなしに、家族や村落の名誉へと転じられていくのです。

そのさまはあたかも、お国のために戦い、お国に命をささげた戦没者遺族が、周囲に好意的に受け入れられた戦時下を思い起こさせます。日本の近代化が、徴兵令を敷くことで、戦争をする国として始まったことを思えば、せんは、日本を支える望ましき「女性国民」としての姿を体現した女性ということになります。

天皇を頂点とした国家体制のなかで、女性にとって何が重要かを伝えていく。そのとき、見る者を惹きつける衝撃的な挿絵の存在は、官報など公文書には期待できない効果を発します。

新聞を愛読した美子が、そうした新しいメディアの効力に敏感であったこと。理屈ではなく、大衆の感情に訴えかける方法を用いて、かつ、実際には理不尽な女性の死を通して、国家が求める「道徳」を示し、社会秩序の回復を試みようとしたこと。この事実を見逃してはいけないでしょう。

宮中での美子は、女性として、あるいは皇后としてのありかたを、身をもって周囲に示してきました。それはある意味、天皇家をひとつの家族に見立てたときの妻、（実際には血縁関係にはありませんが）母、嫁として望ましきありようだったともいえます。そうした姿が、折にふれ、外に伝わることで、間接的な女性教育ともなりえたわけです。

しかし美子は、ここに至って、道徳書の編纂という方法で、国民教育へと自ら乗り出しました。その意味で一八七七年（明治一〇）の『明治孝節録』成立と、その公刊は、皇后美子にとって、ひとつの画期となる出来事といえます。

『明治孝節録』の普及状況

ところで、宮内省蔵版として世に出た『明治孝節録』は、どの程度普及したのでしょうか。越後純子によれば、「下賜の合計部数は二三九部（内訳は皇族一一、大臣参議九、宮内省中九九、勅任五五、府県三八、麝香間二七）」であり、そののち吉川半七（現在の吉川弘文館）などの書肆に発売が許可され、「一八七八～一八九三年の間に少なくとも六七三〇部が出版され、教科書としても使用された」といいます。（越後純子『近代教育と『婦女鑑』の研究』）
また、西谷成憲は、『明治孝節録』の第一、二、四巻が「小学校教科書表」に初めて掲載されたのは、一八八〇年度（明治一三）の『文部省第八報』であるものの、巻二は不許可の処分だったとしています。（西谷成憲「『明治孝節録』に関する研究　明治初期孝子節婦等褒賞との関連において」）
不許可処分の理由は、まさにせんの描写にありました。中村紀久二は、「奸僧迫りて節

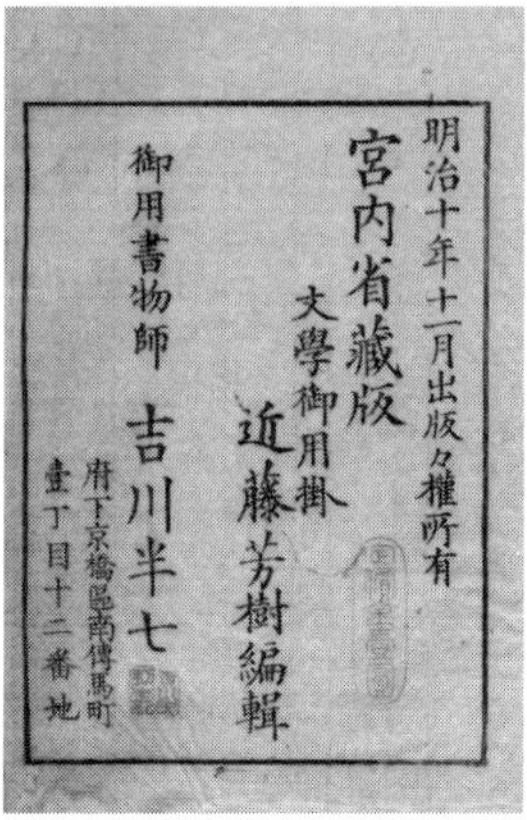
明治十年十二月出版々權所有
宮内省藏版
大學御用掛 近藤芳樹編輯
御用書物師 吉川半七
府下京橋區南傳馬町 壹丁目十二番地

『明治孝節録』刊記
（名古屋大学ジェンダー・リサーチ・ライブラリ蔵）

婦を殺す図」が、検定の禁止事由の「『風俗ヲ紊乱』『教育上弊害アル』事項」の「ア、男女ノ『情欲』場面の記述や挿絵、西洋の開放的な恋愛談・場面をかかげるもの」にふれたためであるといいます。（中村紀久二『教科書の社会史 ―明治維新から敗戦まで―』）しかし一八八三年（明治一六）には、師範学校や中学校での全四巻の使用は許可されたことから、西谷は「『明治孝節録』は口授用書あるいは口授参考書そして小学校教員参考用書として主に使用され、教科用書として使用する場合は巻二を除いた第一、三、四巻を使用対象にしている。女子を対象としても多く使われている点が注目される」とまとめています。（西谷成憲「『明治孝節録』に関する研究 明治初期孝子節婦等褒賞との関連において」）

教科書として、『明治孝節録』のもつ扇情性、感情をあおる描写が、まさに問題とされたわけですが、結局のところ、同書が教育現場から排除されることはありませんでした。排除されなかったどころか、師範学校や中学校では、せんの殺害場面も含めて使用され、小学校では巻二のみを除いた形で教科書とされ、教員には巻二も参考書とされたのです。

「男女ノ情欲」場面があろうとも、『明治孝節録』は教材とされ続けました。現代の感覚からすれば、これは驚くべきことではないでしょうか。皇后の命により編纂され、宮内省から出版されたという形式的な面だけでなく、せんの存在がいかに『明治孝節録』のなかで重要視されていたかがわかります。

そして、大衆の興味、関心をあおる視覚的描写を教育現場に持ち込み、教科書として用いることが許され続けたことは、宮内省のみならず、文部省までもが、貞操を守るためには死をも厭《いと》うな、とのメッセージの発信に与したことを明確に示しています。

逸脱する女性

『明治孝節録』が取り上げた女性に関して、たとえば若桑みどりは、「ここに挙げられた女性は旧弊な女性よりも意思や行動力をもっているが、その行動力や強い意志をもって実行するのは孝行であり、貞節であ」り、「儒教的な家族倫理を抜け出すものは何もない」と論じています。（若桑みどり『皇后の肖像　昭憲皇太后の表象と女性の国民化』）

たしかに、『明治孝節録』が、家族への献身を説く儒教思想を基盤としていることは間違いありません。けれど、わずかではあっても、個としての意思の存在や自立の可能性を垣間見せる女性像が、そこに取られていることも事実です。

たとえば、備中のます女（巻二）は、裁縫の技術をもって一家の生計を支え、病気の家族の看病を続けます。性質も従順で、親に孝行を尽くし、姉弟仲も良かったので、嫁にという声を掛ける者も多かったのですが、全く受け付けませんでした。父親が亡くなったので弟に家を継がせ、嫁を迎え、跡取りとなる男子も生まれますが、しばらくしてその嫁が亡くなってしまい、ますはまた、ひとりで病母病弟の看病をしながら甥を育てます。ひたすら働き続け、わずかながら家産として一二反の田畑を手にしたときには、六〇歳になっていました。それでも、八〇余歳の老母と弟の看病をし、甥を育て、さらに時間があれば、近くの少女たちに裁縫や機織り、習字や音楽を教えては心の慰めとしていたところ、ますの行いに感じ入った県庁が、彼女を小学校の助教に採用することとなります。

周防国のふち女（巻三）は、奉公している主家で、村に小学校を建てようとの話を耳にします。集まった士族や取締役、教員たちは、学費のことなど相談するものの、金銭に関わる話題になると、みな眉をひそめ、すぐには決まりません。ふちはそこで、たいせつにしていたかんざしを学資の足しにと差し出します。すると、このふちの篤い志に感じ入った主家の妻や村の副戸長の妻など、女性たちがこぞって寄附をすることとなりました。

美濃の小林某の娘なか（巻四）は、父の転勤で移り住んだ讃岐の高松で、国学・漢学・洋学の三学が盛んであるのを目にします。新しい時代には女性も日々新しくなる道を志すことが必要と考え、一念発起、東京に出て洋学を学ぼうと決心します。両親は娘の志を褒めたものの、女性ひとりの旅は危険だとして、時機をうかがうよう諭します。けれどなかは、恐れるに足りずとひとり旅を決行し、東京の鸚鳴塾で英語と数学を学びます。

こうしたなかの姿を、『明治孝節録』は次のように評しています。

地方には、婦女ながらかくの如く、父母の膝下をはなれ、千里の遠きに来りて、学問する者もあるを、かへりて輦下《みやこ》に住る女子は、誦読の声をもよそに聞て、弦歌にのみ月日を過し、学校の何物たるをしらぬは、誠にをしむべき事ならずや。

（『明治孝節録』巻四「小林某の女」）

ます、ふち、なか、彼女らの評伝では、「学校」がひとつの鍵語になっています。教育という営みがなされる場としての「学校」は、学制発布に基づく国民皆学によって、女性にとっても身近なものとなりました。『明治孝節録』は、末尾の「附録」でも、学校設立のために乏しい家計のなかから献金した女性たちを、「貧者の一燈」を思わせる行為として取り上げてもいます。

そうした点からすれば、『明治孝節録』は、女性教育の重要性にも目を配り、国民としての女性を育成しようとする教育政策もたしかに反映した道徳書でした。女性たちは、維新後の時代のなかで、新たな教育の影響を受けつつありました。一八七一年（明治四）、初の女子留学生に、女性が学ぶべき学問と学べる環境を徐々に整えていく、と伝えた美子のことばは、偽りではありませんでした。

そして留意したいのは、彼女たちの事蹟が、結果として「家」による支配からの逸脱、経済的精神的自立の可能性を内包していたことです。たとえば最初に上げた備中のますの場合、他家に嫁げば、病床にある実家の家族の生活が成り立たないことを慮って、若い頃には縁談を断ったとあり、自ら進んで独り身を選んだわけではないでしょう。とはいえ、働き続け、家族を扶養し、わずかであっても資産を築き、教育を授ける側となって小学校の助教に採用された歩みには、女性の経済的自立の一相が表れているともいえます。

家父長制を背景とした「家」支配のいっぽうで、少なくとも新たに「家」をなし、跡継ぎを得ることで「家」の継承に与するという生き方とは異なる、「家」支配から外れた女性たちもまた、『明治孝節録』には取り上げられています。

では、こうした女性像は、明治維新後に、突如として現れたのでしょうか。

ここで参考となるのが、江戸時代最大規模の善人伝である『官刻孝義録』です。『官刻孝義録』の女性像については、菅野則子による研究が参考になります。（菅野則子「幕府権力と女性――『官刻孝義録』の分析—）

たとえば、浪人の娘のやよは、手習いの師匠として高い評判を得ていました。親孝行でもあったのですが、婿取りを勧める母のことばに従うことはありません。貧しい按摩の継子であるさよは、武家に奉公している間に学んだ琴や文読みを近隣の子女に教えることで、一家を支えます。けれど、夫をもつように、との両親の勧めには、孝行が疎かになることを理由に、従うことはしませんでした。

こうしたやよやさよの事例から、菅野則子は、『官刻孝義録』が編纂された一八〇一年（享和元）当時の状況を次のように説いています。

彼女たちには、近隣の子女を教育していく過程で、自らの意識変革につながる何ものかを、つかみとる可能性があったように思える。いずれにせよ、親の意向を拒否した女性、「家」を作り「家」の永続性を守ることを拒否したような女性、こうした女性像は、本来ならば、幕藩権力にとっては、決して好ましいものではなかったはずである。それにもかかわらず、このような女性たちが、幕府によって編集された「孝義録」に、しかも、略伝文つきで登載されているのである。このことは、この時期、十八世紀末の社会に、彼女たちのような女性が、かなり広範に形成されつつあったことを示しているのではないだろうか。

（菅野則子『村と改革　近世村落史・女性史研究』）

学ぶ、教える、という行為を経験したことが、結果として「家」支配からの逸脱につながった女性は、明治以前にも存在しました。親やきょうだいに尽くしたとしても、自らは新たに「家」をなすことも、次代の「家」の継承にも与しない。家父長制に基づく政治体制の維持をめざす為政者にとっては、不都合なはずの女性像です。けれど公の記録である『官刻孝義録』は、彼女たちを採録しました。そして『明治孝節録』もまた、こうした女性を「善行者」に加えたのです。

日本の近代化をめざし、国民皆学を謳うとき、「教育」のたいせつさを伝える彼女たちの姿を、『明治孝節録』も無視することはできませんでした。その意味で、美子やその側近は、「教育」に力を注げば、そこに彼らの意に反した結果も生まれる可能性があることを、受け入れる必要がありました。

第五章　新しい時代の模範的女性像『婦女鑑』

宮内省刊行の道徳書として、一八七七年(明治一〇)の『明治孝節録』に続いて、一八八二年(明治一五)には、天皇の命による『幼学綱要』、さらに一八八七年(明治二〇)には再び皇后美子の命による『婦女鑑』が刊行されます。『婦女鑑』は、『幼学綱要』には盛り込むことのできなかった「婦女の美蹟」で、手本とするにふさわしい教えを採録したとされたことから、『幼学綱要』の「補遺」と位置づけられます。けれど、『幼学綱要』が広く一般を対象としたのに対して、『婦女鑑』は、主に華族女学校の生徒たちという、ごく限られた階層の女性向けに編まれたものでした。しかも、『幼学綱要』に採られたのが、和漢の人に限られていたのに対して、『婦女鑑』は、西洋の女性も積極的に取り上げています。そこには、一八八〇年代に明治政府が進めた欧化政策の影響をもうかがえます。『幼学綱要』と『婦女鑑』の違い、『婦女鑑』の独自性を通して、美子が至った明治二〇年の女性教育とはどういったものだったのかを考えてみます。

前提としての『幼学綱要』

『婦女鑑』の編纂を担当した宮内省文学御用掛の西村茂樹は、一八八四年（明治一七）のこととして、『婦女鑑』成立に至る経緯を次のように述べています。

去年、川田剛氏入りて文学御用掛となり、此度、余又是に任ぜらる。川田氏は維新の時の勤王家の履歴の編纂を命ぜられ、余は往年宮内省にて編修ありし幼学綱要の補遺として、婦女の美蹟を編纂する事を命ぜられたり。依て、属僚坂田伝蔵、山田安栄、加部巌夫等を督して其書を編修し、書成りて是を婦女鑑と名く。（「往時録」）

『婦女鑑』は、『幼学綱要』の「補遺」として、編纂を命じられた道徳書でした。「凡例」にも、『幼学綱要』と重複する女性は収載しなかった、と注記しています。そこで、『婦女鑑』を考えるにあたっては、前提となった『幼学綱要』がどのような道徳書であったかを、まずは確認しておく必要があります。

元田永孚の自伝「古稀之記」には、一八七九年（明治一二）のこととして、「親喩ヲ奉ジテ幼学綱要ノ書ヲ編纂ス」とあり、明治天皇の命により、永孚が編纂にあたったことがわかります。天皇が『幼学綱要』の編纂を強く望んだことは事実で、女官で大正天皇の生母の柳原愛子《やなぎわらなるこ》は、『幼学綱要』ができあがったときの様子を次のように記しています。

明治十四年六月の頃、先に侍講元田永孚様に御命じになつた「幼学綱要」が出来上りました時には、非常な御満足で、側近のものへは申すまでもなく、宮内官や、華族女学校へも御下賜になりました。

そして其の当時は、毎晩、御膳がおすみになりますと、(若き女官達に対し)いとも御懇《ごねんごろ》な御講義を賜はり、人の道を諄々《じゅんじゅん》と御教へ下さいました。

一体、「幼学綱要」と申しますのは、御古い方は御存じと思ひますが、明治十二年夏の頃、元田侍講様を親しく御召しの上、『教学の要は本末を明かにするにあり。本末明かなれば民の志定まる。民の志定まつて天下安し。之を為すには幼学より先なるはなし。汝、文学の臣と、宜しく一書を編み、以て幼学に便すべし』、との御言葉を賜はり、国民教育、殊に幼き者の教育が大切との大御心から出来た御本で御座います。

(柳原愛子「御心深く籠らせ給ふ書を繙きて」)

明治天皇は、『幼学綱要』の完成に満足し、側近はもとより、宮内省に勤務する官吏や、華族女学校にも与えました。しかも毎晩夕食後には、若手の女官たちに向けて、天皇みずから講義を行い、人の道をわかりやすく説いたというのです。この事実は、『幼学綱要』が女性教育にも活かせる内容であることを、天皇自身が示したことになります。

愛子によれば、『幼学綱要』は一八七九年（明治一二）の夏に、永孚を召し、「教育と学問で重要なのは、本末、物事の根幹と枝葉を明らかにすることで、この本末が明確であれば、人民の志は定まるものである。人民の志が定まれば、天下は平穏である。そのためには、幼学が最重要である。そこで永孚よ、文学の官吏と協力して一書を編纂し、幼学に使うのがふさわしい」と命じて作らせた道徳書でした。

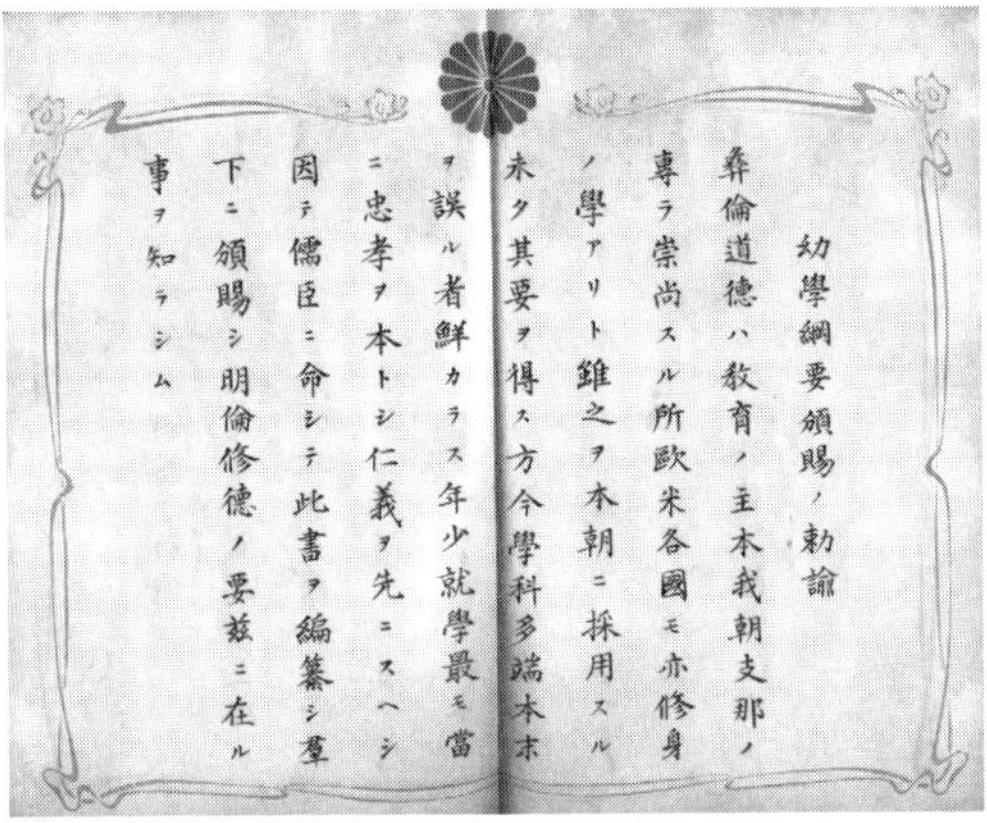
幼學綱要頒賜ノ勅諭
彝倫道徳ハ教育ノ主本我朝支那ノ專ラ崇尚スル所欧米各國モ亦修身ノ學アリト雖之ヲ本朝ニ採用スル未タ其要ヲ得ス方今學科多端本末ヲ誤ル者鮮カラス年少就學最モ當ニ忠孝ヲ本トシ仁義ヲ先ニスヘシ因テ儒臣ニ命シテ此書ヲ編纂シ羣下ニ頒賜シ明倫修徳ノ要茲ニ在ル事ヲ知ラシム

『幼学綱要』
（名古屋大学ジェンダー・リサーチ・ライブラリ蔵）

ここでいう「本末」とは、前章でも記したとおり、近代化を急ぐ政府が、欧米を模範として導入した西洋の知識才芸を「末」、仁義忠孝による徳育を「本」とする永孚の主張に重なるもので、そうした教育の根本方針は、一八七九年

（明治一二）に永孚が起草し、明治天皇より参議の伊藤博文と寺島宗則《てらじまむねのり》（文部卿兼務）に示された「教学聖旨」が説くところでもありました。

たとえば明治天皇は、一八八五年（明治一八）、当時七歳だった親王明宮嘉仁《はるのみやよしひと》（後の大正天皇）の教材に『幼学綱要』を用いるよう命じています。しかし、東宮の教育を担当していた湯《ゆ》本武《もとたけ》比古《ひこ》は、たとえ立派な内容であろうとも、年齢的に理解できないような高尚な書を講義することは、かえって親王の精神には良くない、時期尚早として、天皇の命に従うことはせず、教材とはしませんでした。（戸田浩暁『幼学綱要奉體の研究』）

つまり『幼学綱要』は、書名に「幼学」と冠してはいても、必ずしも低学年にふさわしい内容レベルではありませんでした。たとえば久木幸男は、ここでの「幼」とは、低学年をさすのではなく、『礼記』「曲礼上」に基づく一〇代の意であるとし、「恐らく元田は曲礼の幼学観を一方では下敷きにしながら、『天皇尊崇』をできるだけ早い時期から子どもに注入したいという思いがあったため、小学校低学年児（「幼童初学」）にふさわしくない内容を、「幼学」の名で与えようとする結果になったのであろう」と推測しています。（久木幸男「明治儒教と教育―1880年代を中心に―」）

天皇が、年若の女官たちへの講義に用いていたことからも、書名と対象者とのこうしたズレは、実は永孚だけでなく天皇も了解していたはずです。けれど天皇もまた、低学年児に「天皇崇拝」の思いを抱かせるという方針を是として、建前上それを第一義とする道徳書を構想していたのでしょう。

『幼学綱要』にみる女性説話

『幼学綱要』七巻七冊は、冒頭に永孚による漢文の「序」、そして「例言」四条と総目二〇条、本文が続きます。本文は、孝行・忠節（以上巻一）、和順・友愛・信義（巻二）、勧学・立志・誠実（巻三）、仁慈・礼譲・倹素（巻四）、忍耐・貞操・廉潔（巻五）、敏智・剛勇・公平（巻六）、度量・識断・勉識（巻七）の二〇篇で、各篇いずれも最初に徳目の説明文を掲げ、次に経書の章句を漢文のまま抜粋引用し、最後に和漢の例話を上げる構成となっています。例話は二二九話で、その内訳は日本一一二話、中国一一七話です。

一八八二年（明治一五）一一月に、皇族、官僚、永孚ら編纂に携わった者に与えられ、翌一二月、地方長官会議に出席のため上京した地方長官に頒布されたことで、全国的に広がりました。長官たちが帰任すると、各地方から下賜や下附の問い合わせが相次いだため、翌年には「幼学綱要下賜下附細則」等の手続きが整えられ、官立・公立・私立学校や一般への頒賜が開始されたのです。

矢治佑起によれば一八八三年（明治一六）から一八八八年（明治二一）にかけて頒賜された

部数は三八、二九〇部で、そのうちの三六、八一六部、約九六パーセントが公立学校や学校関係者への配布でした。（矢治佑起「『幼学綱要』に関する研究—明治前期徳育政策史上における意味の検討—」）そして、ほぼ明治期を通して、書肆による一般発売は許可されなかったといいます。（越後純子『近代教育と『婦女鑑』の研究』）

たとえば、後の例となりますが、一九〇七年（明治四〇）発行の文部省「高等女学校用修身教科書」は、教授の際に実例が必要となった場合には、小学校用修身教科書や、あるいはとして、ふさわしい話材を適宜選ぶ対象書を挙げています。その筆頭には『幼学綱要』、続いて『明治孝節録』と宮内省蔵版が二冊並び、他には『西国立志編』『世界古今名婦鑑』『劉向《りゅうきょう》列女伝』などが続いています。女学校の現場でも、『幼学綱要』が教材のひとつと考えられていたことが確認できるとともに、一〇代の女性教育にも活かしうる内容を含んでいたことがわかります。

『幼学綱要』所収例話二二九話のうち、女性に関わる例話は三二話（研究者により数え方に違いが見られますが、ここでは越後純子『近代教育と『婦女鑑』の研究』の注記をふまえます）と一部に留まり、しかもそれら例話は、「和順」と「貞操」の条に集中しています。

この二条の徳目を、『幼学綱要』は次のように説いています。

和順第三

人ニ男女アリ、故ニ必夫婦アリ。夫婦アリ、然後父子アリ。兄弟アリ。以テ一家ヲ成ス。夫ハ其ノ外ヲ治メ、婦ハ其内ヲ修ル者ナリ。夫婦和順ナレバ、一家斉整ス。所謂ル人倫ハ夫婦ニ始マルナリ。之ヲ忠孝ニ並ベテ、人倫ノ大義トスス。

〇詩ニ曰ク。關關タル雎鳩ハ、河ノ洲ニアリ。窈窕タル淑女ハ、君子ノ好逑《こうきゅう》。

（以下略）

貞操第一三

女子、父母ノ家ニ在ルトキハ、幽間静淑、敢テ非礼ニ従ハズ。嫁シテ人ノ妻ト為ルトキハ、又終身他靡《な》ク、事変ニ遭テ、其守ヲ易ヘズ。是ヲ之、貞操ト謂フ。婦徳ノ尤モ大ナル者ナリ。故ニ柔順恵和、要訓ニ非ル無シト雖モ、特ニ此ヲ以テ先トス。婦女、其レ之ヲ体セザル可ケムヤ。（以下略）

「和順」では、人間の道徳的秩序の最初は夫婦であるとして、夫は家外を支配し、妻は家内での行いを正しくし、夫婦が穏やかで素直であれば、一家は整うといいます。そして続く詩句は、第二章第三章でも取り上げた『詩経』「周南」の「関雎《かんしょ》」によるものです。「かあかあと鳴くミサゴは島の中洲にいる。物静かな娘は立派な男性の良き伴侶」とは、男女にはそれぞれの役割があることをうたったものです。

いっぽう「貞操」も、女性はひとたび嫁せば終生夫に操をたて、貞操を守ることが婦徳の最も大切なことと説きます。「和順」「貞順」と、ともに儒教思想に基づく男女観と徳を掲げ、続く具体的な例話を受容することを求めています。

越後純子（『近代教育と『婦女鑑』の研究』）が指摘するとおり、『幼学綱要』が女性に期待するのは、おもに夫を助ける行為、夫の死後も夫の家に奉仕する行為、貞操を守る行為であり、女性には、夫や家に対して自らは「従」としてあること、自分のためでなく他のために生きることが求められているわけです。

家父長制を基盤としたこうした教えは、儒教を背景に日本でも長く説かれてきたもので、『明治孝節録』にも通じ、また、『婦女鑑』にも受け継がれていきます。けれど留意すべきは、『婦女鑑』には、慈善や愛国など、『明治孝節録』や『幼学綱要』には見られない徳目、必ずしも儒教思想には収まらない例話が採られていることです。

その理由は、『婦女鑑』が、和漢に留まらず、例話の出典に西洋の書物も利用したことにあります。つまり、文化的に異なる土壌で育まれた話が加わっているということです。

このことは、『婦女鑑』が『幼学綱要』の「補遺」とされながら、実際には『幼学綱要』

とは異なる、さらに言えば、かつて美子が編纂を命じた『明治孝節録』とも異なる面をもつ女性教育書であったことを示唆します。

『婦女鑑』の独自性は後述するとして、『幼学綱要』が取り上げた女性説話には、それを受容しうる歴史的な土壌があったことにふれておきましょう。

『幼学綱要』の文化的土壌

元田永孚は自伝「古稀之記」で、『幼学綱要』の編纂にあたって、自らがおもに関わった条項や例話を挙げています。それによれば、女性に関わる条項や例話の執筆には、永孚はほとんど関与していません。つまり女性関連話は、永孚の助手として編纂に与った文学御用掛の高崎正風《たかさきまさかぜ》・仙石政固《せんごくまさかた》・児玉源之丞《こだまげんのじょう》らの手による可能性が高いのです。

ならば彼らは、これら女性説話をどのように収集したのでしょうか。『教育勅語渙発関係資料集』第一巻には、編纂稿本のひとつである仙石の手沢本「幼学綱要編纂稿本」が収められています。稿本の表紙には「明治十三年二月九日卒業」とあり、この手沢本の完成時期が確認できます。こころみに「貞操」の巻における日本の例話を見てみると、四話の末尾に「史二百二十四」との注記があることに気づきます。

「史」とは何か。

ここでの「史」とは、『大日本史』をさし、巻二二四「列伝第一五一」の「列女」を出典とすることを意味しています。しかし、『大日本史』と『幼学綱要』の文章を照合してみると、固有名詞の有無などから、『幼学綱要』は『大日本史』にのみに依ったわけではないことがわかります。

つまり、表向きは出典を『大日本史』としつつも、実際には他の文学素材を下敷きとし、文章化しているわけです。重要なのは、「列女」として挙げられた女性説話は、歴史書だけでなく、広く知られていたものであり、そうした土壌のもとに、『幼学綱要』は彼女らを登場させたということです。

たとえば、『幼学綱要』「貞操」には、他よりも多くの紙幅をとり、挿絵付きで登場するふたりの日本女性がいます。源渡《みなもとわたる》の妻の袈裟《けさ》と、源義経の愛妾静です。袈裟は、『源平盛衰記』をはじめとする『平家物語』に登場し、古くは一六六一年（寛文元）刊行の『本朝女鑑』をはじめ、女性向けの教訓書にしばしば採られる女性です。静も、鎌倉幕府の正史である『吾妻鑑』、『平家物語』や『義経記』といった軍記物語、謡曲など芸能においても、よく知られた女性です。中世の軍記物語から近代に至るまで、彼女らの振る舞いは語られ、読み継がれてきたのです。（榊原千鶴「明治期女性教育書にみる日本の近代化　第二回『幼学綱要』」、同「「女子の悲哀に沈めるが如く」―明治二十年代女子教育にみる戦略としての中世文学」）

そして、『幼学綱要』に先立つ明治初期の女性教育書でも、疋田尚昌編輯『挿画本朝列女伝』（一八七五年・明治八）、児島玄壽編輯『日本列女伝』（一八七八年・明治一一）、榊原芳野閲・松平直温《まつだいらなおのぶ》編『小学勧善本朝列女伝』（一八八〇年・明治一三）などに見られます。歴史的、文化的な土壌の上に彼女らの物語は受容され、明治初期の人々にとっても身近であったことが想像できます。しかも重要なことは、「貞女」という彼女たちへの評価もまた、かわることなく受け継がれてきたことです。袈裟を例に示しましょう。

源　渡《みなもとわたる》の妻である袈裟《けさ》に横恋慕した遠藤盛遠《もりとお》（後の文覚《もんがく》）は、袈裟を我がものにしようと、叔母で袈裟の母親にあたる衣川《ころもがわ》を脅し、思いを遂げられるようにと手引きを強要します。怯える母の衣川から、盛遠に逆らえば殺されると聞かされた袈裟は、母への「孝」と夫への「貞」との板挟みとなり、ならばと夫にすり替わり、自らが盛遠の手に掛かって殺される道を選びます。

こうした袈裟の行為は、孝と貞という儒教的徳目のもとに高く評価され、親や夫のために自己を犠牲にすることを良しとする価値観は、明治に入ってもかわることはありませんでした。前章で取り上げた『明治孝節録』のせんが、「稀世の烈女」と称されたのと同じです。

重要なのは、こうした献身を美徳とする文化的土壌は、近代化教育のなかでも、受容す

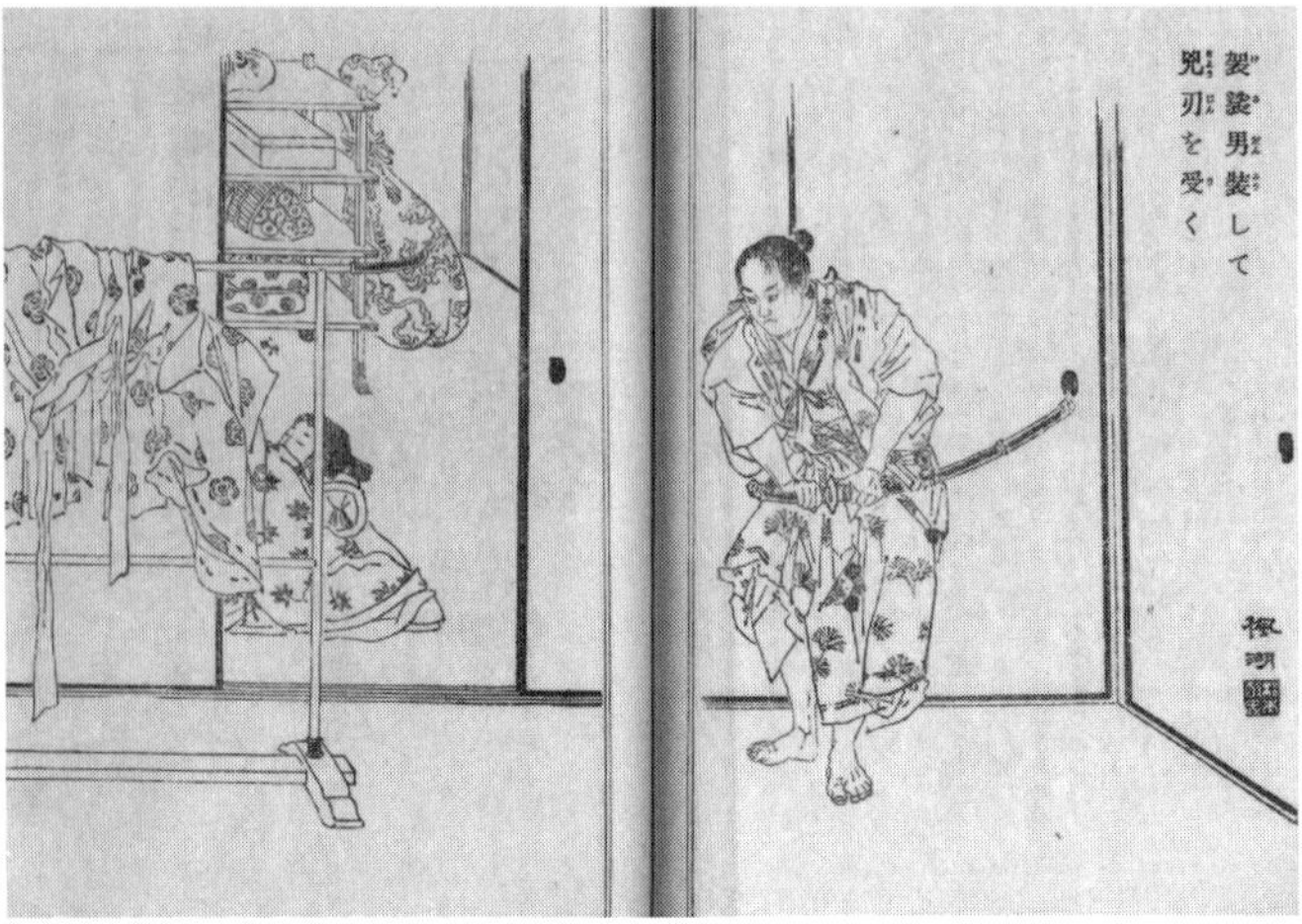

『幼学綱要』巻五「貞操第十三」源渡ノ妻袈裟
（名古屋大学ジェンダー・リサーチ・ライブラリ蔵）

る側に受け継がれていたことです。その一端を、鈴木彰が紹介する英文学習素材に認めることができます。（鈴木彰「明治期の児童・少年雑誌にみる中世軍記物語関連記事について―『日本之少年』を中心として―」）。

鈴木によれば、一八八九年（明治二二）創刊の少年雑誌『日本之少年』は、翌年の誌面改訂にあわせて「英学談」を設け、以後毎号、英和対訳、漢文英訳、和文英訳の課題、実践例に加えて、英文の読み物や懸賞文を掲載するとともに、高等教育機関の入学試験問題を抄録するなど、受験生たちの入試対策という面も有していました。

その「英学談」に、袈裟説話を下敷きとした「KESA-GOZEN」と題する一文が掲載されています。

Kesa was the wife of Minamoto Wataru. She was very handsome as well as she was very wise.

袈裟は、美しさとともに、賢い女性と評されています。そして、母親から事情を聞き、一計を案じる袈裟を、英文投稿者は次のように描きます。

"Why, to sacrifice one's life for one's parent, it is the duty of a child," answered Kesa, hiding her wonder and sorrow under the pretension, "Mother, never think sorry of that ! I shall soon arrange the matter well.

（『日本之少年』第三巻第二号、一八九一年一月一五日刊）

親のために自己を犠牲にするのは子の務めと言い切る袈裟は、すぐに状況を改善すると応えるわけですが、それは夫の身代わりとして、盛遠に殺される計画を実行することでした。近代化に向けて導入された英語学習においても、自己犠牲を選択する女性が「賢い」と評されるのです。

学習者の価値観は、いまだ日本の歴史的、文化的土壌のなかで培われてきた儒教的思想に拠っているわけです。そうした事実をふまえれば、西洋の女性説話を取り上げ、それまでの日本では徳目とされてこなかった博愛や愛国を新たに道徳として掲げた『婦女鑑』は、結果的に、西洋の思想をも取り込んだことに気づきます。一書のなかに、新たな思想を背景とする世界を共存させた『婦女鑑』の独自性に、留意する必要があるでしょう。

『幼学綱要』成立前後の教育をめぐる状況

宮内省蔵版の道徳書である『明治孝節録』『幼学綱要』『婦女鑑』の三書で大きく異なるのは、『婦女鑑』のみが西洋の話を取り上げたことでした。しかし実は、『幼学綱要』も、当初は例話に西洋の事蹟を取り入れていました。そのあたりの事情を、戸田浩暁が次のように記しています。

> 明治十四年六月幼学綱要の稿本全く成り、八月頃にはその一部が印刷に附せられ関係者に配布されたが、その刻本には孝行篇に阿新丸及び曾我兄弟の復讐譚が採られ、忍耐篇に大石良雄の復讐譚が引かれてをり、且和漢の例話の外に西洋の例話も入つてゐた。これを見た文部卿福岡孝弟《たかちか》は、復讐は国法の禁ずる所であり、〔復讐は明治六年二月七日太政官布告第三十七号を以て禁止

された。〕西洋史は既に小学校教則より省いてあるのであるから、この儘《まま》では幼学綱要を小学校教科書として使用せしめるわけにはゆかぬといふ意味のことを右大臣岩倉具視に進言した。このことが岩倉によつて奏上せられると、天皇は福岡の進言を容れさせ給ひ、遂に右の復讐譚と西洋の例話とを尽く削除せしめ給うたのであると。

（戸田浩暁『幼学綱要奉体の研究』）

戸田によれば、一八八一年（明治一四）にできあがった稿本から削除されたのは、復讐譚と西洋の例話だったといいます。文部卿の福岡孝弟が復讐譚の削除を求めた背景には、法律により禁止されたというだけでなく、稿本が完成する前年の一二月に、日本の歴史上、最後の仇討ちとされる臼井六郎による復讐事件が起こり、裁判により一八八一年（明治一四）九月に終身禁獄の刑が宣告されたことの影響も考えられるといいます。江戸時代であれば武士の誉れと称賛された仇討ちが、罪に問われる。時代は確実に変化していました。

いっぽう西洋の例話については、「小学校教則」において西洋史が省かれたことにより、採録を見送ったとあります。これは、一八八〇年（明治一三）に出されたいわゆる「改正教育令」の影響による措置と考えられます。

明治初期の教育制度としては、まずは一八七二年（明治五）に「学制」が公布されたわけですが、一八七九年（明治一二）に第一次教育令、いわゆる「自由教育令」が出されます。この「自由教育令」は、田中不二麿《ふじまろ》が文部大輔のときに公布されたもので、中央集権的、画一的な学制を改め、地方に教育の権限をゆだねようとするものでした。

これは、それぞれの土地や生活・文化の程度にあわせた教育を取捨選択するというアメリカ諸州の方法にならったものでしたが、結果的に教育の後退をもたらしたとして批判が高まり、翌年、新たに文部卿となった河野敏鎌《こうのとがま》のもと、第二次教育令「改正教育令」が公布されます。

この「改正教育令」では、政府文部省の権限が強化されたほか、たとえば小学校の学科の筆頭に「修身」が据えられました。翌一八八一年（明治一四）制定の「小学校教則綱領」では、西洋史が外され、歴史は日本史のみとなり、学習内容も、「建国の体制、神武天皇の即位、仁徳天皇の勤倹、延喜天暦の政績、源平の盛衰、南北朝の両立、徳川氏の治績、王政復古等緊要の事実、其他古今人物の賢否、風俗の変更等の大要を授くべし。凡歴史を授くるには、務めて生徒をして沿革の原因結果を了解せしめ、殊に尊王愛国の志気を養成せんことを要す」（第一五条「歴史」）と定められるなど、学校は国家統制のもと、国民を教化していく機関であることが明確になっていきます。

こうした教育をめぐる動きのなかで、編纂作業をほぼ終えていた『幼学綱要』は、結果的に編集をし直すこととなり、公刊は一年近く遅れることとなりました。
一八八一年（明治一四）四月に文部卿に就任した福岡孝弟は、後に当時のことを次のように振り返っています。

此の時分には、明治維新以後初めて我が国従来の思想が、勢力を得る様になろうとした。これまで国学とか儒教とかを学んだ者は旧弊者で頑固者で、少しも取るに足らぬ者とせられた。即ち西洋思想の騰《あがつ》て来た時代であつた。当時学問の中心点は、東京大学よりは寧ろ、福澤の慶應義塾であるといふ有様であつたが、福澤は、儒教などを採用すると学問が衰頽すると主張し、一方では又、功利の学は西洋学でも可いが、儒教を採用せねば道徳が立たゝぬと論じた。……（中略）……此の時宮中には儒教一方の元田が侍講となって、其の勢が甚だ盛であつたが、常に西洋学問のみの流行を慨歎してをつた。余も元田とは多少考が異ふけれ共、兎《と》も角《かく》西洋功利教のみの流行する事を喜ばなかつたが、文部卿に拝命した初め、一日元田と逢つて自分の精神を語つたれば、元田は、それで大に安心したといふ旨を述べた事もあつた。そこで元田は宮中の勢力を以て、儒教道徳を天下に弘めようといふので、彼の幼学綱要といふ、支那と日本との事蹟を集めた書物を造つて、これを教化の中心に仕《し》ようとした。而《しこう》してこれには幾分か西洋の事蹟をも加へて、説いてあるけれ共、畢竟《ひっきょう》一の申訳たるに過ぎない。余は、元田の様に一方に偏したものでは困ると思つたから、修身教授の参考までに、彼の書を学校に配布したに止めておいた。・・・・（中略）・・・・余の時分の文部省は、上下から責められたのであつて、上からは、ソンナ教育を行へば国が破れて仕まうと責められ、下からは、ソンナ固陋《ころう》な教育を行へば、国が立ち行かぬと責められた。
（福岡孝弟「余の文部卿当時」）

福岡にとっては、当初『幼学綱要』に収められていた西洋の事蹟は、「申訳」程度のもので、むしろ危惧したのは、永孚が説くような「偏った儒教道徳」が広まることでした。

湯川文彦（「明治10年代における教育事務の再編 ―「行政国家」形成の視点から―」）によれば、「小学校教育を自由放任に帰そうとする西欧自由主義思想」とも、「単に漢学をそのまま教育に用いようとする復古主義思想」とも、政策方針で距離のある文部省が、基本的態度として示したのが、福岡孝弟の「儒教主義」でした。

福岡の「儒教主義」とは、「儒教を学問（政治学）には採用せず、教育についても主旨は儒教にとるものの、欧米の道徳教育の方法論に適合する『和漢ノ嘉言善行』を採用」するという、「いわば〈和を以て和を制する〉対処法」です。（湯川文彦「明治10年代における教育事務の再編――「行政国家」形成の視点から」）

こうした「儒教主義」からすれば、福岡と面談した永孚が、「安心」した理由もわかります。しかし、福岡が永孚とは多少考えが異なるとしたのは、おそらくは「儒教を学問（政治学）」に採るか採らないかの違いであり、詰まるところそれは、実は教育政策の根本的な違いであったと考えられます。

そこで福岡は、『幼学綱要』をあくまで修身教育の参考として学校に配布するに留め、文部省が、一八八〇年（明治一三）から一八八五年（明治一八）までの間に小学校教科書を対象に実施した調査でも、『幼学綱要』は外されていました。

しかし、前述のように、少なくとも明治期においては、宮内省がその供給をほぼ独占していたことから、『幼学綱要』は、天皇の命により編纂された道徳書として、文部省の管轄を超える絶対的な存在となっていきます。

華族女学校と『婦女鑑』

こうした成立経緯を辿った『幼学綱要』をうけて、女性教育に関しては『幼学綱要』では物足りない、と感じた美子の命により編纂されたのが『婦女鑑』です。

『明治天皇紀』には、一八八七年（明治二〇）年一〇月一三日のこととして、美子が『婦女鑑』を親王や大臣以下に与えたとの記録が見られます。

先づ天皇並びに皇太后に献じたまひ、又嘉仁《よしひと》親王に進む。是の日、親王・内大臣・内閣総理大臣・宮内大臣・侍従長・宮内次官・皇太后宮大夫・皇后宮大夫、及び宮中顧問官元田永孚其の他宮内諸官に各一部を頒賜したまふ。明年一月華族女学校生徒に各一部を下賜す。後普く之れを各女学校等に頒つ。幼学綱要と並び行はる。

（『明治天皇紀』明治二〇年一〇月一三日条）

それは、天皇と皇太后、続いて嘉仁（後の大正天皇）はじめ親王、大臣らの手にするところとなりました。美子にとっては「師」でもある永孚にも与えられています。けれど後半にある、「後普く之れを各女学校等に頒ふ。幼学綱要と並び行はる」の箇所に関しては、宮内公文書館所蔵「出版録」等を丹念に調査した結果をもとに、実際には、下賜された学校は華族女学校と東京盲唖学校のみであり、各府県に下賜された『明治孝節録』や『幼学綱要』と比べて『婦女鑑』の下賜範囲が限定的であったことを越後純子が指摘しています。（越後純子『近代教育と『婦女鑑』の研究』）

一般への普及に関しては、すぐに吉川半七（吉川弘文館）に印刷が許可され、翌年には、発売されています。後には、六冊揃いに限らず、購入の便を考えた分冊や縮刷版の販売も許可され、越後純子前掲書によれば、一九一一年（明治四四）までに、下賜用を除く印刷部数は六、八一九部に及びました。この点でも、明治期には一般発売が許可されず、別格の扱いであった『幼学綱要』とは異なります。

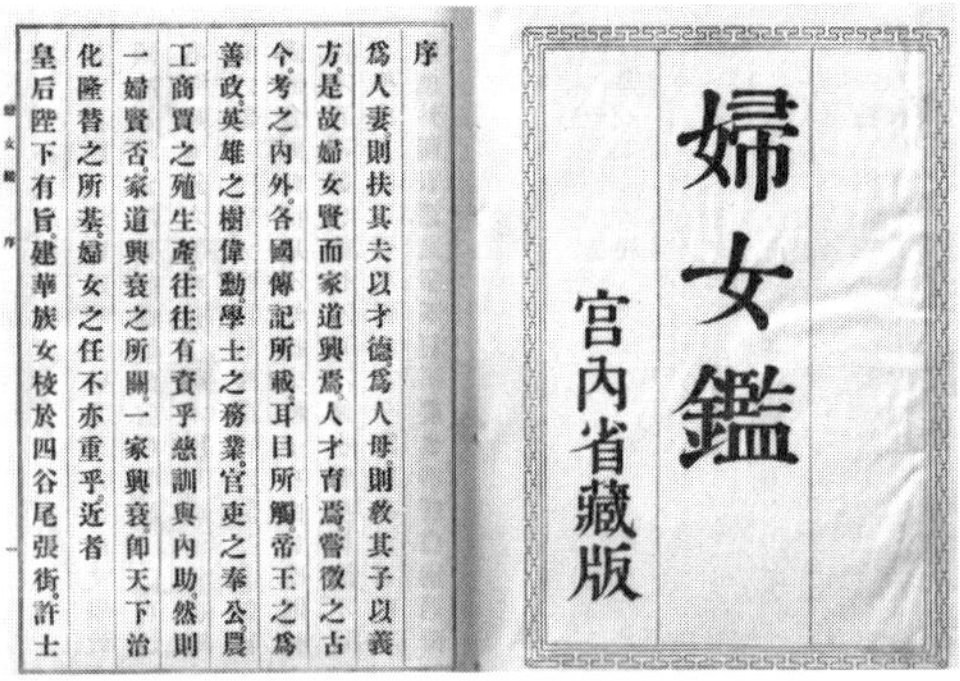

婦女鑑
宮内省藏版

序
爲人妻則扶其夫以才德爲人母則教其子以義
方是故婦女賢而家道興焉人才育焉嘗徴之古
今考之内外各國傳記所載耳目所觸帝王之爲
善政英雄之樹偉勳學士之務業官吏之奉公農
工商賈之殖生產往往有資乎慈訓與内助然則
一婦賢否家道興衰之所關一家興衰仰天下治
化隆替之所基婦女之任不亦重乎近者
皇后陛下有旨建華族女校於四谷尾張街許士

『婦女鑑』「序」
（名古屋大学ジェンダー・リサーチ・ライブラリ蔵）

さて、先に美子が最初に編纂を命じた『明治孝節録』、そして天皇の命により編まれた『幼学綱要』と『婦女鑑』が異なる点として注目すべきは、『婦女鑑』が、華族女学校の「読本」となることを目的として編纂されたことです。

「序」には、次のようにあります。もとは漢文ですが、ここでは書き下しの形で示します。

近ごろ、皇后陛下旨有りて、華族女校を四谷尾張街に建て、士庶の女子も亦、入学を許したまふ。本校、皇后と相距《へだつ》ること咫尺《しせき》なり。時に臨んで其の肄《い》業を視たまひ、又、宮内の文学に命じ、国史及び漢洋の諸書に就きて、婦徳・婦言・婦容・婦工の法《のつと》るべきものを採り、婦女鑑六巻を著し、校生の読本に充てしむ。治化を助けたまふ所以《ゆえん》なり。顧るに、世の女子を誨《おし》ふる者は、大率《おおむね》曰く、婉娩《えんべん》聴従、箕帚《きそう》を奉じ、鍼線《しんせん》を執り、酒食を調へよと。此の如くにして足れりとし、夫を扶《たす》け、子を教ふるは、専ら学に由ることを知らず。則ち、彝訓《いくん》は講ぜざるべからず、徳行は修めざるべからず、物理経済は学ばざるべからず、書数は習はざるべからず、古今の興廃存亡は鑑みざるべからず、外国の言語文字は解せざるべからざるなり。

（『婦女鑑』「序」）

振り返ればこれまで、女性教育を行う者といえば、おおかた、女性は見た目が美しく、言葉や態度がしとやかで優しく、夫や年長者、目上の人に逆らわず、素直に従い、掃除や裁縫、酒や食べ物の調理ができれば、それで十分とし、夫をたすけ、子どもを教育するのには、学問が必要であることを知らない。だからいま、人が守るべき道は明らかにしなければならないし、道義にかなった行いは身につけなければならない。理科や経済は学ばなければならないし、読み書きや数学は習わなければならない。古今東西の盛衰や興亡は鑑としなければならないし、外国の言語や文章は理解しなければならないのである、と。

つまり『婦女鑑』は、士族や庶民の娘たちの入学も許可してはいるというものの、主眼は華族の娘たちを教育する華族女学校向けにつくられた教材でした。彼女たちが将来、女性国民の先導的役割を果たすことを企図して編纂された道徳書だったのです。
そもそも華族女学校は、将来国家の指導者となるような男性の妻、あるいは母となるだろう女性たちを育てる教育機関として設立されました。開校式では、美子は次のような令旨を与え、その教育に期待しています。

此度新に華族女学校を設立し、今日其開校の式をあぐ。つら〳〵惟《おも》ひみるに、女子は人の母となるべきものにして、其子を誘掖《ゆうえき》薫陶すべき天賦の本分あるものなれば、つとに各地女学校の設けあり。今また特に華族の為に此校を新設せり。されば、入校の女子は諸科の学術に熟達し、其本分をつくさん事を力むべく、又其教官は、女子教育の大任を思ひ、勉《つとめ》て教授の方法に注意し、時を減じ、労を省かしめて、速《すみやか》に其学科の要領を得せしむべし。今日開校の式に臨み、聊《いささ》か所思を告て、前途の進歩を望む。

（『昭憲皇太后実録』明治一八年一一月一三日）

女性は人の母となり、「誘掖薫陶すべき天賦の本分」、すなわち、その子に力を貸して教え導く天から与えられた尽くすべきつとめがあるので、各地に女学校を設立し、いままた特に華族のためにこの女学校を新設した、といいます。

開校の準備が進められていた時期、宮内卿伊藤博文は教科規則を明治天皇に示して意見を仰ぎました。その際に天皇は、侍講の元田永孚に向かって、教科として挙げられていた化学と物理は、華族女学校の生徒には必要ない。皇室附属として新設する女学校に必要なのは、和漢洋の学科と裁縫などの実技であって、理化学などは、才能があって好む者だけに選ばせれば良いと告げ、伊藤博文と学習院長に熟慮を求めるよう命じています。

けれど最終的には、当初案のまま、物理と化学は科目に含まれました。学ぶべき学科に男女の差を設けようとした天皇に対して、美子は、いずれ母となる女性には、科目を問わず、子を教育しうる学力が必要という考えだったことになります。女性が、ひとりの人間として、豊かな人生を送るための教育ではなく、あくまで「母」となることを前提としていますが、理化学を排除しなかった点は注意すべきでしょう。

美子の蔵書目録『昭憲皇太后御料御書籍総目録』にも、『理学新論』『化学入門』『格物入門和解（力学之部上下）』『羅馬数字図』『訓蒙道理図解』『訓蒙究理大全』『具氏《グードリッチ》博物学』などの書名を見ることができます。

美子に仕えた女官の山川三千子によれば、美子は、めったに行かない書庫であっても、必要な本が書庫のどこにあるか記憶が明確だったといいますから（山川三千子『女官』）、蔵書の大半には目を通していたと考えられます。そうであれば、美子自身も、理化学への興味関心があったと想像します。

しかも蔵書目録には、田中不二磨が外国の教育制度を調査し、アメリカ合衆国、イギリス、フランス、ベルギー、ドイツ、オランダ、スイス、デンマーク、ロシアの制度を明らかにした『理事功程』や、『米国教育年表』『仏国学制』『普魯士《プロシア》学校規則』といった学校や教育制度に関わる書籍も含まれています。

海外の教育にも関心を抱き、自分なりに学んだ結果として、少なくとも華族女学校の生徒には洋学も必要、との考えに至ったのではないでしょうか。

そして美子は、開校後も、華族女学校の教育に積極的に関わっていきます。当時華族女学校の敷地は天皇夫妻が住む赤坂仮御所と地続きだったこともあり、開校翌年から一八八八年（明治二一）の三年間で、美子の行啓は一〇回を超えました。行啓の折りには熱心に授業を参観し、次のような感想をしたためています。

　ねびとゝのひたるかたは、あからめもせず、ひたすらにまなびの道に心をいれためり。わざのすゝみたらむ後は、かならず世のかゞみともなるべきが多からむとおぼゆるうへに、たちゐふるまひなどの、つゆ男さびたるさまなく、なつかしげに見ゆるこそう

「華族女学校行啓」
（明治神宮聖徳記念絵画館壁画）

れしけれ。　（『昭憲皇太后御集』）

成長して立派になった女学生は、恥ずかしさで顔を赤くすることもなく、一途に学問の道に心を打ち込んでいるように見うけられる。学業が進んでいったあかつきには、きっと世の手本ともなるはずの人材が多いだろうと感じられる。加えて、身のこなしなどが、男性のようながさつなところが全くなく、心ひかれ慕わしく見えることが喜ばしく嬉しい。

美子は、華族女学校での教育の成果を肌で感じながら、「世のかゞみ」となる女性の誕生に期待していました。

華族女学校設立より少し前のことになりますが、ドイツ人の医師で、お雇外国人のひとりとして日本で医学を教えたエルヴィン・フォン・ベルツは、日本の女性に次のような感想を抱いています。

日本の女性にとって、社交界が開放されるとすれば、おめでたいことだ。従来、かの女たちの活動圏や役割は、ほとんど小事に向けられていた。自分は何もこの点で女性を非難しようというのではない。なぜならば、罪はもともと男性の側にあるのだから。かの女たちは全く境遇の生んだものであり、その境遇たるや「世間の荒波にもまれて養われる」人格の向上発展には至極不利なものであった。日本の女性は教化できる。この事実は上級の学校の女子学生たちを見ればわかるのであって、かの女たちは気品のある態度や精神的な意味の表現を、真に女性的な気質に結びつける――それも意識せず自然に――ことを心得ているのである。

（『ベルツの日記』（上）明治一二年七月一〇日）

「教化」の中身や、「女性的な気質」が意味するところはひとまずおくとして、ベルツが明治初期の上級の女学生に、伸びしろを認めていたことは事実です。明治天皇や大正天皇の主治医として、天皇家とも近い立場にあったベルツのこうした認識も、美子をして、女性教育の推進に向かわせのかもしれません。

さらにこの時期重要なのは、一八八三年（明治一六）完成の鹿鳴館に象徴される政府による欧化政策の影響です。外交交渉を行っていくうえで、日本の国際的地位を上げる必要性を痛感していた伊藤博文や井上馨《かおる》らは、文明国であることを示すひとつの方法として、外見を西欧風にかえること、すなわち洋装化を積極的に進めました。

美子が、公の場に初めて洋装で現れたのは、一八八六年（明治一九）七月の華族女学校への行啓です。翌年には、洋装を奨励する「思召書」も発しています。美子は、自らが先頭を切って洋装を採用して以降、公の場で和装をすることはありませんでした。その点でも美子は、この時期の政府の政策を理解し、西欧化に協力的であったといえます。

『婦女鑑』にみる西洋話

さて、美子が編纂を命じた『婦女鑑』とは、どのような道徳書だったのでしょう。刊本の『婦女鑑』は、和装本六巻六冊、一二〇話が収められ、和漢洋の内訳は、日本が三四話、中国が三三話、西洋が五三話です。西洋話の割合が高いことは、これ以前に宮内省が刊行した道徳書である『明治孝節録』や『幼学綱要』と大きく異なる点です。

『婦女鑑』の成立過程については、越後純子による詳細な研究があります。（越後純子『近代教育と『婦女鑑』の研究』）越後によれば、「婦女鑑原稿」には、刊本には見られない例話の徳

『婦女鑑』巻三「鈴木宇右衛門ノ妻」
（名古屋大学ジェンダー・リサーチ・ライブラリ蔵）

目分類が書かれてあり、最終的には一二の徳目（孝行・友愛・婦道・勤倹・慈善・母道・忠誠・愛国・識見・才学・処変・雑徳）に決まっていたといいます。

また、編纂を担当した西村茂樹が、『婦女鑑』編纂以前に文部省で選録した『小学修身訓』掲載の嘉言が、『婦女鑑』編纂稿本の徳目の説明文と同一であるなど、西村の思想の影響も指摘されています。すなわち、「儒教の教えの欠点を認識し、これに全面的に依るのではなく、自らの西洋書の翻訳過程で得た知識や当時の翻訳書を参考に『小学修身訓』と同様のバランスで西洋の例話も採用し、当時の上流階級の子女に応じた徳目内容を取り入れようとした結果、多様な徳目内容を包含することになった」（越後純子『近代教育と『婦女鑑』の研究』）というわけです。

日本の軍記物語に登場し、女訓書でもおなじみの楠正成の妻（正行の母）や、土肥二郎実平の妻も、それぞれ「母道」や「処変」の項に掲載されていますが、やはり特徴的なのは、西洋話の存在です。

徳目からすると、たとえば「慈善」は、全一九話中、日本一話、中国一話、西洋一七話と圧倒的に西洋の例話が多く、「愛国」に至っては、全三話のすべてが西洋話です。「慈善」で唯一採録されている日本の例話、「鈴木宇右衛門の妻」は、凶作の際に、困窮した人々に衣服を分け与えて救った行いが称えられています。けれどこの挿話は、『婦女鑑』以前に編纂された『本朝列女伝』（一八七五年成立、匹田尚昌編輯）や『小学勧善本朝列女伝』（一八八〇年成立、榊原芳野閲・松平直温編纂）にも採られており、『婦女鑑』が新出というわけではありません。キリスト教思想に基づく「慈善」ではなく、慈悲深さ、仁慈を表す挿話として流布していたものを、「慈善」の項に配したものと考えられます。

日本話が一話も採録されていない「愛国」では、たとえば「若安達亜克《ジョアンダーク》」や、一九〇八年に起きたスペイン独立戦争で、自国のために戦った「亜俄底那《アゴスチナ》」の活躍ぶりを取り上げています。この亜俄底那の描写には、十字架を首にかけた彼女が、礼拝堂から出てきて参戦したとあり、その奮戦ぶりは次のようなものでした。

『婦女鑑』巻四「亜俄底那」
（名古屋大学ジェンダー・リサーチ・ライブラリ蔵）

彼の処女、直に其手より火縄を取りて弾丸を敵軍の直中《ただなか》に発し、発しては装《こ》め、装めては発し、其間には頸に架けたる十字を吸ひ、大声に死ねよ勝てよとよばる丶声、忽ち軍士の耳に入り、兵気為に十倍し、この敗軍を支へて法《フランス》軍を打靡けしは、宛《あたか》も天兵の冥助を得たるが如く、衆口同音に亜俄底那万歳とぞ呼たりし。

（『婦女鑑』巻四）

十字架の存在は、彼女の行動が、キリスト教の教えに支えられていることを端的に表しています。西洋話の採録は、『婦女鑑』が、キリスト教思想をも許容する道徳書であることを示しており、その点で『婦女鑑』

は、『明治孝節録』や『幼学綱要』とは異なります。

また、戦場に赴き、男性兵士を相手に戦い、味方の兵士を鼓舞する亜俄底那は、勝敗を決する主要不可欠な存在として描かれ、その勇猛果敢な姿に男性兵士たちは、「亜俄底那万歳」と、その性別に関わりなく称賛の声を送ります。

戦時に活躍した女性という点では、楠正成の妻や土肥二郎實平の妻も同じですが、日本の女性たちは、功績を残した息子や夫を陰で支えた点が評価されるばかりです。あくまで、男性あっての女性、男性が本分を果たすために「内助」を尽くす補助的な存在であり、性別によって期待される役割の違いは明らかです。

「才学」の徳目では、『源氏物語』を著した日本の「紫式部」、『漢書』を完成させた中国の曹世叔の妻である班昭《はんしよう》（曹大家《そうたいこ》）が採られ、西洋では、学者としてイタリアの「羅拉《ローラ》」とドイツの「加羅林路古勒西《カロリン・ルクレシヤ》」、詩人の「路古勒西馬利大闘遜《ルクレシャ・マリアダヴィッドソン》」が採られています。

紫式部が、「かくのごとく才学ともに世に絶《すぐ》れ、身をつゝしみて人にほこらず、よく婦女たるの徳を修めしにより、後の世までも人これを賞揚せり」と評され、羅拉も、「その最も感ずべきは、学問を以て家事を廃せず、家事を以て学問を棄てず、またよくその児子を教育せしにて、こは殊に世の亀鑑ともなすべくこそ」と評されていることは、『婦女鑑』が「序」に掲げた「婦徳」を重んじ、結婚後は、家事や育児を蔑ろにすることなく、学問

『婦女鑑』巻五「羅拉」
（名古屋大学ジェンダー・リサーチ・ライブラリ蔵）

と両立した上での才能発揮である点、同じです。

ただし、羅拉の場合は、彼女に語学の才能があることを知った学者が、彼女の両親に、「家事裁縫をば廃して、一《もっぱ》ら文学に従事せしめよ」と頻りに勧め、両親がその助言を受け入れたとあります。両親の理解により、学問に専念できたことで、羅拉は論理学、心理学、物理学も学ぶことができ、ずば抜けた力を発揮します。哲学の試験を受け、学位の衣服を授けられ、国会から補《ボ》羅義《ロニイ》府の名誉として年俸までも与えられるいっぽう、結婚し、多くの子を産み育てながらも自宅でも哲学を講義し続け、ついには大学教師となります。重要なのは、「家事裁縫」よりも学業に専念できる環境を与えたこと、女性の学ぶ権利を認め、尊重する姿勢が描かれていることです。

加羅林路古勒西も、当初は兄に従って天文学を研究し始めたものの、成長めざましく、新たな五つの彗星の発見者と認められます。他にも多くの星雲や星群の発見が兄の書籍に収載されたことで、ロンドンの天文学会から黄金の賞牌《しょうはい》を与えられ、名誉会員となります。ひたすら観察、記録、考証、著述に勤しむ研究成果により、彼女は男性の補助的な存在としてではなく、一個人として、その才能を公的に評価、称賛されるわけです。

このように、『婦女鑑』には、良き妻、賢い母といった女性のみを対象とする儒教的な徳目重視の姿勢も見られるものの、女性を男性の付属物、補助的存在と位置づけるのではなく、ひとりの人間として、その才能、行動を認め、称賛する例話や、女性の学びを尊重する例話も採られています。

キリスト教思想を背景とした例話の存在も、『明治孝節録』とは異なります。『婦女鑑』のこうした独自性は、将来国家の指導者の妻、あるいは母として、他国との交流を想定する華族女学校の女生徒を対象とする教材である、との限定性によるものであり、そこには、西欧化という現実の政策にふさわしい道徳書を編纂することへの、美子自身の意識の変化も認めることができます。

「陋習《ろうしゅう》」としての多妾制

そしてとくに注目したいのは、西欧との交流という観点から、かつて美子自身が受けた教育とは相反する例話も採られていることです。それは、『婦女鑑』の最終話、巻六末尾の「加馬馬児《カママル》」です。

『婦女鑑』によれば、加馬馬児はサンドウヰス（ハワイ諸島）王里何里何《リホリホ》の妃でした。一八二〇年にキリスト教がこの島にもたらされたのを機に、島の女性たちは多神教を棄て、キリスト教に帰依します。加馬馬児もキリスト教を信仰するようになり、学問にいそしみ、ついには王である夫を諫め、それまでの「陋習」であった多妻を止めさせます。

本書第二章でも述べてきたように、そもそも美子がたたき込まれたのは、天皇の寝所にはべり、皇子を生む可能性のある女性たちに嫉妬するな、との教えでした。近代国家をめざすといいつつ、明治期の天皇と皇后の関係は、多妾を前提とした一夫一妻多妾制のもとにありました。それは何より、「家」の存続、天皇家にあっては男系による皇統の存続が最優先事項とされたからです。そうした皇后教育を思えば、『婦女鑑』がこの「加馬馬児」の例話を最後に据え、、蓄妾の風習を否定したことは、ある意味画期的といえるのではないでしょうか。

しかも興味深いのは、出典にある要素が、『婦女鑑』では省かれている点です。越後純子は、本話の出典は、サラ・ジョセファ・ヘイル（Sarah Josepha Hale）によって書かれた『女性の記録　あるいは傑出した女性全てのスケッチ、創世記から西暦一八六八年まで』（*Woman's Record, Or, Sketches of All Distinguished Women: From the Creation to A.D. 1868*）であること、「婦女鑑原稿」に出典名ではなく漢数字だけが記載されているのは、この書の頁数であることを明らかにするとともに、翻訳作業には坂田伝蔵が関係していたと推測しています。（『近代教育と『婦女鑑』の研究』）

私が入手した（*Woman's Record, Or, Sketches of All Distinguished Women: From the Creation to A.D. 1854*）でも、Kamamalu（カママル）の項は、越後が挙げる一八六八年までと同じ頁数となっています。

それによると、加馬馬児はカメハメハ一世の娘で、父のカメハメハ一世の命により、母違いのきょうだいで、一世の後継者でもある息子の里何里何（カメハメハ二世）と結婚させられます。加馬馬児は、里何里何のお気に入りではありましたが、里何里何には他に四人の妃がいました。つまり加馬馬児の結婚は、父親によって決められた近親結婚だったのです。

伝統的に近親結婚が行われたところに、キリスト教がもたらされたことで、女性たちはこれを、希望と平和と純潔清廉の朗報と歓迎しました。なかでも加馬馬児は最初の改宗者となり、教育のための機会として活用したとあります。

妃が多くいること以前に、まずは近親婚に言及する出典に対して、『婦女鑑』は、近親婚には全くふれず、「夫王を諫めて、従来多妻を蓄ふるの陋習を破り、遂に之を廃せしめ」た加馬馬児を称えます。そして夫の里何里何は、西洋文化にふれようと、イギリス、アメリカを訪れようと思い立ち、加馬馬児とともに旅立つのです。

出典からどの箇所を取り込むか、取捨選択は必要ですが、『婦女鑑』が「多妻」のみを取り上げ、それを卑しい習慣と断じている点に留意すべきでしょう。さらに、加馬馬児と里何里何は、訪問先のイギリスで麻疹に感染し、相次いで亡くなってしまいます。

『婦女鑑』は、「をしむべし、この秀才の国王夫妻に、いましばしの齢を仮さば、布哇国《ハワイ》民の幸福これに過ぎず、文化に赴くべかりしを。歎きてもなほあまりあり」と本話を結ぶのみで、後嗣には一切ふれません。

つまり、加馬馬児と里何里何の例話は、あくまで「国王夫妻」という一対の男女の話として完結しており、「家」の存続、ハワイ王国の王統の継承といった観点は、そこには見られないのです。

ところで、森岡清美は、『婦女鑑』が編纂成立する四年前、一八七八年（明治一一）の『華族戸籍草稿』をもとに、東京に本拠を定めた武家華族と公家華族の娶妾率を割り出しています。その調査によれば、娶妾率は武家華族が五五・八パーセント、公家華族が五二・四パーセントで、ライフサイクルのなかで最も娶妾率の高い五〇代に限れば、武家華族は五七パーセント、公家華族は七〇パーセントに及びます。しかも、妾のすべてが戸籍に登録されたわけではありませんから、実際の娶妾率はこの数値を超えていたと考えられます。
（森岡清美『華族社会の「家」戦略』）

『婦女鑑』が対象とした華族女学校の生徒たちは、父や兄に妾がいるのはごく日常的なことという環境の中で育ってきた女性たちなのです。そうした彼女たちに対して、キリスト教に基づき、娶妾、多妻は「陋習《ろうしゅう》」であると断じ、妻である王妃が夫の王を諫めて廃止させるという、女性が男性を教導した例話を教材として与えたわけです。

西欧諸国との対等な関係による交渉を実現していく上で、多妾の慣習を続けることは、日本の後進性を意味します。信教についても、諸外国から、それまで日本の国策であったキリスト教禁止や信徒への弾圧は強く非難されました。アメリカ、ヨーロッパに派遣された岩倉使節団が、視察の際にキリスト教解禁を条約改正の条件とされたこともあり、一八七三年（明治六）には禁止令が解かれています。

皇室に限っても、森岡清美によれば、一八八〇年代前半までは天皇の寝所に侍る女官の補充は行われたものの、一八八〇年代後半以降は補充の動きが鈍り、一八九〇年代末以後は新任はなかった可能性が高いといいます。（『華族社会の「家」戦略』）

さらにその後、天皇家の存続、後嗣の確保に関しては、皇太子妃（後の貞明皇后）が、一九〇一年（明治三四）に親王迪宮裕仁《みちのみやひろひと》（後の昭和天皇）を出産したのをはじめとし、四人の男子を儲《もう》けました。これにより、皇統存続の見込みが立ったことも、多妾制の廃止を促しました。

けれど、後続の道徳書の世界では、『婦女鑑』の西洋話を多く取り上げているとされる瀬川さわ子『名女伝』（一八九八年、明治三一）、開拓社編『東西名婦の面影』（一九〇〇年、明治三三）、下田歌子『外国少女鑑』（一九〇二年、明治三五）などは、前節で取り上げた若安達亜克、亜俄底那、羅拉といった『婦女鑑』の女性は取り上げていますが、掉尾を飾る加馬馬児の例話は見あたりません。もちろん、各書の方針や対象とする年代層もあるでしょうが、ここはむしろ、多妻を戒めた加馬馬児の例話を採った『婦女鑑』に、独自性を認めるべきでしょう。

皇后の命により編纂されたといっても、すべてが美子の判断に委ねられたわけではありません。『婦女鑑』に関して言えば、天皇の側近、あるいは政府の方針に従うことは当然の前提であり、西村茂樹をはじめとする編纂者の存在も、もちろん大きかったはずです。

とはいえ、皇后教育として、『女四書』を代表とする儒教的な教育を受けてきた彼女の学びの歴史を思うとき、多妻、多妾の慣習を否定する例話を、後嗣への言及なくその名のもとに編纂させた道徳書に載せ、次代を担う女性たちに与えたことは、彼女にとってもひとつの転機となったのではないかと思うのです。

むすびにかえて

かつて、津田梅子らとともにアメリカに留学し、帰国後には、陸軍卿の大山巌と結婚した大山（山川）捨松は、華族女学校の設立にあたり、伊藤博文の要請を受けて、準備委員に就任します。

捨松は、ホームステイ先の娘で、親友でもあったアリス・ベーコン宛の手紙に、その経緯を次のように書き送っています。

親愛なるアリス
とても忙しくて手紙を書き終る時間さえありません。
アリス！　今、私の生涯の夢が実現しようとしているのです。先日、あなたに書いたように、日本の皇室はぜひとも改革を必要としています。でもあまり直接的な方法ではかえって実行不可能ですので、皇后陛下の御後援のもとに、影響力をもった人達の手で学校を設立することを考えています。日本には、現在女子のための満足な学校は一つもありません。小学校を除いて、女学校は二つしかなく、どちらもひどい状態なのです。勿論、ミッションスクールはいくつかありますが、それぞれに欠点があります。それに、上流階級の人達は娘をミッションスクールには入れたがりません。ですから、今日本は本当によい学校を必要としているのです。でも、大学はまだ必要ではありません。女子に高等教育を受けさせようとする人はいないでしょうから。

皇室の改革が、女学校を作ることによって達成されるのですから、まさに一石二鳥だと思います。皇室がこの学校を援助することになれば、当然皇后や女官達が学校を参観するので、新しい教育と西洋の思想とが同時に皇室の中に浸透していくと思います。

この学校を設立するための準備委員が二名選ばれ、その一人がこの私なのです。どこからも干渉されることなく十分に資金援助を受け、日本で最も影響力のある人達の支持のもとに、私達が最も理想的と思う学校を作ろうとしているのです。まさに私がやりたいと考えていたことです。もう一人の委員の女性は、すでに二年前に女子のための私塾を開いた人で、人格者で見識のある経験豊かな立派な女性です。女官もしておられ皇后の御寵愛を深く受けているひとです。

初め私はこの申し出を辞退したのですが、余りにも熱心に薦められたので受けることにしました。伊藤博文氏から、上流階級の女子のためにぜひとも新しい学校を作る必要があると理路整然と説きふせられ、私は返す言葉もありませんでした。
伊藤氏は私に次の三つのことを強調されました。一つは、私が日本政府によってアメリカに派遣されたので、道義的にもこの仕事を引き受ける義務があること、次に私が大学卒の学位を持つ日本で唯一人の女性であること、そして、最後に私が陸軍卿の妻であるため知名度が高く、影響力が大きいからとおっしゃるのです。

一八八四年三月八日

（『鹿鳴館の貴婦人 大山捨松　日本初の女子留学生』）

捨松からすれば、華族女学校の設立は、女性教育の充実を図るだけでなく、「新しい教育と西洋の思想」を皇室に浸透させることで、皇室の改革を実現するための試みでもありました。ここに書かれたもうひとりの委員とは、女官として美子に仕え、退官後に上流階級の女性たちを対象とした桃夭《とうよう》女塾を開いた下田歌子のことです。
手紙からは、十分な資金と、伊藤博文ら政府首脳を後ろ盾に、自身の経験が活かせる機会を得たことへの捨松のよろこびが伝わってきます。そして、翌年開校した華族女学校では、津田梅子も英語教師として教壇に立ちました。

けれど、開校の翌年一八八六年（明治一九）四月、強力な後ろ盾であり、西欧化の推進者であった伊藤博文が、窮地に立たされます。きっかけは、首相官邸で開かれた仮面舞踏会と、井上馨邸で催された歌舞伎の天覧劇でした。

政府は、財政不足を訴えるいっぽうで、こうした盛大な催しを開催したことにより、坂本一登によれば、「所得税の導入および海防費の献金募集という二つの政策が、政府の意図を超えて、政府の財政政策の不整合性と『欧化』政策の不合理さを強調すること」となり、結果的に博文は、「欧化」政策を抑制せざるを得なくなります。（『伊藤博文と明治国家形成 ─「宮中」の制度化と立憲制の導入 ─』）

伊藤は、一八八七年（明治二〇）には宮内大臣を退任し、西欧化路線を歩んでいた華族女学校も、一八八八年（明治二一）には、それまで学習院長が兼任していた校長に、専任として初めて、西村茂樹が着任するに及んで、当初の教育方針を修正することとなります。

西村茂樹といえば、『婦女鑑』の編纂にあたった執筆者でもありました。彼は、校長就任の翌年に行った華族同方会の演説で、理化学については現状のままとしつつも、数学は現状の代数幾何より易しい内容に改め、外国語については、「男児にありては目下甚だ必要なるべきも、女児にありては殆ど無益」であるから、ぜひとも全廃したいが、世間の事情で許されないのはどうしようもない、と述べています。（西村茂樹「貴方の教育」）

真辺美佐によれば、総じて西村は、「明治天皇をはじめとする宮中勢力の欧化主義批判を受け入れて学校を改革しつつも、それまで伊藤や下田によって敷かれてきた路線についても、全否定することなく、両者の意見を折衷する形で改革を進め」ていきました。（真辺美佐「昭憲皇太后と華族女学校―設立及び改革に果たした皇太后の役割を中心に―」）

華族女学校は、捨松がアリスに語った「最も理想的と思う学校」にはなり得ませんでした。皇室を守るべき存在、「皇室の藩屏《はんぺい》」としての華族が学ぶ学校は、官立となり、そこでの教育は、国の政策や皇室の意向と連動し、変化していきます。女性教育に貢献したいとの捨松の思いを、すぐにそのまま実践できる場ではありませんでした。

アリスベーコン
（津田梅子と開校当時の協力者たち）
（津田塾大学津田梅子資料室蔵）

捨松の願いは、その後一九〇〇年（明治三三）、梅子による英語教師を養成するための女性を対象とした私塾の開設に至って、ようやく実現の途につくことになります。

女性が職業を持ち、経済的な自立を遂げることで、社会的地位の向上をめざす。捨松は、かつてともにアメリカに旅立った梅子の夢に協力することで、自らの責務を果たそうとします。

いっぽう美子は、宮中の人として、皇后として、その時々に求められる役割を果たしていくことになります。現実の政治に敏感に反応し、そのめざすところに協力的であったことは明らかです。天皇の最も身近にある女性、「皇后」として、皇統の継続を最優先し、天皇のためには自らが犠牲になることもいとわない意思を示すことで、天皇の絶対化、国民を臣民へと導くことに与していきます。

『明治孝節録』と『婦女鑑』、両者成立までに流れた一〇年という年月のなかで、掲げる女性像にみる変化、とくに西洋話の採録は、西欧化という政策に適応しようとした結果です。その過程で、従来の儒教的な世界には見られない女性像にふれ、美子の意識にも変化が生まれたことは、容易に想像できます。

けれど西欧化の波は、こののち後退していきます。そして一八九〇年（明治二三）には、国民道徳の基本とされる「教育勅語」が発布されます。「教育勅語」は、家族国家観に基づく忠君愛国主義と儒教的道徳を、国民の守るべき徳目として説くものであり、天皇制国家の精神的道徳的支柱となりました。

もはや、『婦女鑑』に見られた主体的な女性像を、美子が世に喧伝する余地はありません。

女性のみならず、日本国民に求められたのは、万一国家に緊急事態が起こったときには、一身を捧げて皇室国家のために尽くすことであり、とりわけ女性国民には、夫を支え、子を産み育て、銃後の守りに徹することが求められました。

日清、日露の戦いは、日本の「近代化」の過程とされますが、そこで「大元帥の妻」として、天皇を頂点とする国家への献身を進んで担った美子の姿は、他への献身、国家のために自己を犠牲とする第二、第三の弟橘媛へと、女性たちを誘う面のあったことを、忘れてはならないでしょう。

あとがき

本書を手にしてくださって、ありがとうございます。

本書の構想は、三弥井書店出版部の吉田智恵さんからいただいた「皇后のことを書いてみませんか」、という一本の電話にはじまります。

二〇一七年一一月、勤務する名古屋大学に、篤志家と公益財団法人東海ジェンダー研究所のご寄付により、名古屋大学ジェンダー・リサーチ・ライブラリ（GRL）が創設されました。これを機に、それまで個人的に蒐集してきた明治期の女性教育書（和装本）約一五〇冊を、同ライブラリに寄贈しました。

一般にはあまり知られていない書物も多いため、水田洋名古屋大学名誉教授を編集責任者とする同人誌『象』において、作品紹介を兼ねた連載「明治期女性教育書にみる日本の近代化」をはじめました。寄贈書のなかで、日本の女性教育史上とくに重要と考える作品を取り上げ、女性教育の視点から日本の近代化を考えてみようという試みです。本書の『明治孝節録』『幼学綱要』『日本列女伝』『和解女四書』に関わる部分は、この連載をもととしています。

同人誌ができあがるごとに、近況報告がてら三弥井書店さんに送っていたところ、『和解女四書』の回を読み終えたという智恵さんから、前述の電話をいただきました。

日本の軍記物語、とくに『平家物語』の作品分析や受容を考えることから研究者の道に入り、やがて中世に始まる女訓書の系譜も追うこととなった私は、いつしか、女性はどのように教育されてきたのか、戦争との関わりは、といったテーマに関心を抱くようになりました。対象とする時代も、次第に中世から離れ、専門、専攻という従来の枠からすれば、迷走する?!研究者に見えていたかもしれません。

とはいえ、こうした問題意識は私のなかでは文学研究とつながっていて、考察の一端は「著者紹介」に挙げた著書、論文などでも記しています。

前著『烈女伝 勇気をくれる明治の8人』（二〇一四年）は、女性教育への関心を、一般、とくに若い世代に向けて書いてみては、と智恵さんに勧められ、評伝としてまとめたものです。同書でも美子は八人のなかの一人として取り上げたのですが、事蹟をたどる程度にとどまりました。

今回、「皇后のことを書く」という提案をいただき、書くならばやはり美子のことをと思い、幸運な機会と感じるいっぽうで、いったいどこから迫れば良いのか、悩みました。長年にわたり、皇后宮大夫として美子に仕えた香川敬三は、美子を「女の王」だと語っています。日本の近代化の過程で、美子が重要な役割を果たしたことは間違いありません。

その内実を多少なりと明らかにしたい。

近年、美子をはじめとする近代の皇后に関する研究は進みつつあります。そうした成果をふまえつつ、私なりのアプローチのしかたを考えました。そこでヒントとなったのが、漢文の講義の場面です。

たとえば、本書第二章冒頭での漢文を音読する美子と元田永孚、あるいは「女四書」をあいだに対座する美子と若江薫子といった「師弟」の姿。時やところ、ひとは違っても、解釈を含めた「読む」という行為によって共有される時間です。

「師」により説かれた教えへの向き合い方は、さまざまな経験や学び、思考を繰り返すなかで変化していくでしょう。けれど、肯定、遵守するにせよ、否定、反発するにせよ、若き日に、こうした学びの時空でふれた教えは多くの場合、人の精神の根っこにあり続けます。そこで、書物、文学を介した教育を、本書の糸口にすることにしました。

結果として本書は、美子の生涯ではなく、美子が編纂を命じた二つの道徳書が成立したところ、明治前半までを対象とするものになっています。またいつの日か、昭憲皇太后へと至る歩みを追うことができたらと思いつつ、いまはともあれ、二〇一九年のうちに上梓するという智恵さんとの約束を守ることができてホッとしています。ただひとつ残念なことは、先代の吉田栄治社長に本書を読んでいただけなかったことです。

最後になりましたが、貴重な資料の掲載を許可くださった機関のみなさまにお礼申し上げるとともに、二〇年余りわたりお世話になった吉田栄治社長と、今回も併走くださった吉田智恵さんに感謝します。

二〇一九年九月

榊原千鶴

参考文献

史資料

アリス・ベーコン、久野明子訳『華族女学校教師の見た明治日本の内側』(一九九四年、中央公論社)。

猪熊兼繁「維新前の公家」(朝日新聞社編『明治維新のころ』一九六八年、朝日新聞社)。

上杉治憲(鷹山)『南亭余韻』については、市立米沢図書館デジタルライブラリー書誌　画像 http://www.library.yonezawa.yamagata.jp/dg/KG016.html をもとに翻刻した。

上田景二『昭憲皇太后史』(一九一四年、公益通信社)。

お茶の水女子大学百年史刊行委員会編『お茶の水女子大学百年史』(一九八四年、「お茶の水女子大学百年史」刊行委員会)。

オットマール・フォン・モール、金森誠也訳『ドイツ貴族の明治宮廷記』(一九八八年、新人物往来社)。

宮内省蔵版『昭憲皇太后御集 全』(一九三八年、岩波書店)。

宮内庁編『昭憲皇太后実録』上巻(二〇一四年、吉川弘文館)。

宮内省 臨時帝室編修局編『明治天皇紀』第二(二〇〇〇年、吉川弘文館)。

宮内省 臨時帝室編修局編『明治天皇紀』第六(二〇〇一年、吉川弘文館)。

河野正義編『昭憲皇太后御一代記』(一九一四年、東京国民書院)。

国民精神文化研究所『教育勅語渙発関係資料集』第一集(一九四〇年、国民精神文化研究所)。

近藤芳樹編『明治孝節録』は名古屋大学ジェンダー・リサーチ・ライブラリー蔵本によった。

税所敦子『内外詠史歌集』上下(一八九五年、秀英舎)。

税所敦子『御垣の下草』(一九〇三年、吉川半七)は、国立国会図書館デジタルコレクションによった。

佐久間象山『女訓』(『日本教育文庫』「女訓篇」一九一〇年、同文館)。

サラ・ジョセファ・ヘイル (*Sarah aaajosepha ahsle*) *Woman's Record, Or, Sketches of All Distinguished Women: From the Creation to A.D. 1854* (NEW YORK: HARPER & BROTHERS, 一九七〇年)。

『詩経』「大雅」「瞻卬」(『経典余師集成』第六巻「詩経(二)」(二〇〇九年、大空社)。

「小学校教則綱領」は、国立国会図書館デジタルコレクション黒羽弥吉編『小学教則綱領』によった。

『昭憲皇太后御料御書籍総目録』は宮内公文書館蔵の影印によった。

末松謙澄『修養宝鑑明治両陛下聖徳記』(明治神宮編『明治神宮叢書』第三巻「聖徳編(3)」二〇〇二年、国書刊行会)。

菅沼竜太郎訳『ベルツの日記 上』(二〇一八年、岩波文庫)。

トク・ベルツ編・菅沼竜太郎訳『ベルツの日記』(上)(二〇一八年、岩波書店)。

栃木県立宇都宮女子高等学校一〇〇年史編集委員会『一〇〇年史』(一九七六年、栃木県立宇都宮女子高等学校)。

西村茂樹「貴方の教育」(日本弘道会編『西村茂樹全集』第二巻、一九七六年、思文閣)。

西村茂樹「往時録」(日本弘道会編『西村茂樹全集』第三巻、一九七六年、思文閣)。

西村茂樹編『婦女鑑』は名古屋大学ジェンダー・リサーチ・ライブラリ蔵本によった。

原奎一郎編『原敬日記』第三巻(一九六五年、福村出版)。

土方久元『明治天皇聖徳録』(明治神宮編『明治神宮叢書』第三巻「聖徳編(3)」(二〇〇二年、国書刊行会)。

福岡孝弟「余の文部卿当時」(『教育時論』九八二号、一九一二年七月)。

福羽美静『女徳』は名古屋大学ジェンダー・リサーチ・ライブラリ蔵本によった。

福羽美静「幼者に対する昔話」(加部巌夫『木園福羽美静小伝』一九〇八年)。

北京圖書舘古籍出版編輯組編『北京圖書舘古籍珎本叢』巻一四「帝鑒圖説」（一九九四年、書目文献出版社）。

美智子『橋をかける　子供時代の読書の思い出』（一九九八年、すえもりブックス）。

「明治一五〇年」首相官邸ポータルサイト「主な取組」（二〇一九年二月二一日閲覧）https://www.kantei.go.jp/jp/singi/meiji150/portal/torikumi.html
元田永孚「還暦之記」（元田武彦・海後宗臣編『元田永孚文書』第一巻「自伝 日記」（一九六九年、元田文書研究会）。

元田永孚「古稀之記」（元田武彦・海後宗臣編『元田永孚文書』第一巻「自伝 日記」一九六九年、元田文書研究会）。

元田永孚「新年講書始進講録」（元田武彦・海後宗臣編『元田永孚文書』第二巻「進講録」一九六九年、元田文書研究会）。

元田永孚「当官日箚」（元田武彦・海後宗臣編『元田永孚文書』巻一巻「自伝 日記」一九六九年、元田文書研究会）。

元田永孚編『幼学綱要』は名古屋大学ジェンダー・リサーチ・ライブラリ蔵本によった。

屋代熊太郎『税所敦子刀自　伝記文集歌集』（一九一六年、六盟館）。

山川菊栄『おんな二代の記』（二〇〇一年、平凡社）。

山川三千子『女官』（二〇一七年、講談社）。

山口鼎太郎『明治皇后』（明治神宮編『明治神宮叢書』第六巻「聖徳編(6)」二〇〇四年、国書刊行会）。

柳原愛子「御心深く籠らせ給ふ書を繙きて」（長谷川卓郎編『明治大帝』一九二七年、大日本雄弁会講談社）。

「幼学綱要編纂稿本」（国民精神文化研究所『教育勅語渙発関係資料集』第一巻、一九四〇年、国民精神文化研究所）。

若江薫子「杞憂独語」（藤田徳太郎『若江薫子とその遺著』一九一七年、香川新報社）。

若江薫子「刑法知事大原老卿へ差出す書」（藤田徳太郎『若江薫子とその遺著』一九一七年、香川新報社）。

若江薫子著、安達清風校『和解女四書』は名古屋大学ジェンダー・リサーチ・ライブラリ蔵本によった。

渡辺幾治郎『昭憲皇太后宮の御坤徳』（明治神宮編『明治神宮叢書』第六巻「聖徳編(6)」二〇〇四年、国書刊行会）。

研究書

越後純子『近代教育と『婦女鑑』の研究』（二〇一六年、吉川弘文館）。

片野真佐子『皇后の近代』（二〇〇三年、講談社）。

櫛田眞澄『男女平等教育阻害の要因　明治期女学校教育の考察』（二〇〇九年、明石書店）。

久野明子『鹿鳴館の貴婦人 大山捨松 日本初の女子留学生』（二〇〇三年、中央公論社）。

榊原千鶴『列女伝 勇気をくれる明治の8人』（二〇一四年、三弥井書店）。

坂本一登『伊藤博文と明治国家形成―「宮中」の制度化と立憲制の導入―』（一九九二年、吉川弘文館）。

阪本健一『明治神道史の研究』（一九八三年、国書刊行会）。

菅野則子『村と改革　近世村落史・女性史研究』（一九九二年、三省堂）。

関口すみ子『御一新とジェンダー　荻生徂徠から教育勅語まで』（二〇〇五年、東京大学出版会）。

千葉市美術館編『文明開化の錦絵新聞―東京日々新聞・郵便報知新聞全作品』（二〇〇八年、国書刊行会）。

戸田浩暁『幼学綱要奉体の研究』（『大倉精神文化研究所紀要』第五冊、一九四四年、大蔵精神文化研究所）。

中村紀久二『教科書の社会史―明治維新から敗戦まで―』（一九九二年、岩波書店）。

原武史『〈女帝〉の日本史』（二〇一七年、NHK出版新書）。

古川隆久『大正天皇』（二〇〇七年、吉川弘文館）。

宮本誉士『御歌所と国学者』（二〇一〇年、弘文堂）。

三輪正胤『歌学秘伝史の研究』（二〇一七年、風間書房）。

森岡清美『華族社会の「家」戦略』（二〇〇二年、吉川弘文館）。

森川輝紀『増補版　教育勅語への道 ― 教育の政治史』（二〇一一年、三元社）。

吉川幸次郎『詩経国風』上（一九九七年、岩波書店）。

若桑みどり「『皇后の肖像 昭憲皇太后の表象と女性の国民化』（二〇〇一年、筑摩書房）。

研究論文
秋枝蕭子「「学制時代」に於ける女子教育の出発について ― 文部省年報を中心とした検討 ―」（『文芸と思想』第一三号、一九五七年）。

秋枝蕭子「教育令及び改正教育令発布前後の女子教育 ― 文部省日誌及び年報を中心とした検討 ―」（『文芸と思想』第一九号、一九六〇年）。

影山純夫「近藤芳樹の学問と思想」（『神戸大学大学院国際文化学研究科紀要』第三四号、二〇一〇年）。

勝又基「善人伝のゆくえ」（『文学』二〇〇四年一―二月、岩波書店）。

榊原千鶴「「女子の悲哀に沈めるが如く」― 明治二十年代女子教育にみる戦略としての中世文学」（『少女少年のポリティクス』二〇〇九年、青弓社）。

榊原千鶴「女性が学ぶということ ― 女訓から考える軍記物語 ―」（『日本文学』第五一巻第一二号、二〇〇二年、日本文学協会）。

榊原千鶴「明治期女性教育書にみる日本の近代化　第二回『幼学綱要』」（『象』第八九号、二〇一七年、グループ象）。

榊原千鶴「明治期女性教育書にみる日本の近代化　第四回『日本列女伝』」（『象』第九一号、二〇一八年、グループ象）。

榊原千鶴「明治二十四年の『からすまる帖』―福羽美静にみる戦略としての近代女性教育―」（『名古屋大学文学部研究論集』「文学」第五五号、二〇〇九年）。

鈴木彰「明治期の児童・少年雑誌にみる中世軍記物語関連記事について―『日本之少年』を中心として―」（『明治大学人文科学研究所紀要』第七二冊、二〇一三年）。

西谷成憲「『明治孝節録』に関する研究　明治初期孝子節婦等褒賞との関連において」（『多摩美術大学研究紀要』第一一号、一九九七年）。

阪正臣「税所刀自の伝」（『古々路乃華』第三巻第二号、一九〇〇年）。

久木幸男「明治儒教と教育―１８８０年代を中心に―」（『横浜国立大学教育紀要』第二八集、一九八八年）。

福岡孝弟「余の文部卿当時」（『教育時論』九八二号、一九一二年）。

真辺美佐「昭憲皇太后と華族女学校―設立及び改革に果たした皇太后の役割を中心に―」（『書陵部紀要』第五八号、二〇〇六年）。

矢治佑起「『幼学綱要』に関する研究―明治前期徳育政策史上における意味の検討―」（『日本の教育史学』第三三号、一九九〇年）。

湯川文彦「明治一〇年代における教育事務の再編―「行政国家」形成の視点から―」（『日本の教育史学』第五六号、二〇一三年）。

著者紹介

榊原千鶴（さかきばら・ちづる）

1961年名古屋市生まれ。現在、名古屋大学男女共同参画センター教授。

専門は、日本文学、日本の中世から近代にいたる女性教育史。博士（文学）。

南山大学文学部卒業後、社会人経験を経て、1987年名古屋大学大学院博士前期課程入学、1995年同後期課程満期退学。1995年名古屋大学文学研究科助教、2010年より名古屋大学男女共同参画室助教、2011年同准教授を経て、2017年より現職。

単著に、『平家物語 創造と享受』(1998年)、『烈女伝勇気をくれる明治の8人』(2014年)、共著に『源平盛衰記（六）』(2001年)、『女訓抄』(2004年)、『日本語上手。ひと味ちがう表現へ』(2006年)（以上、三弥井書店刊）など。

論文に、「女性が学ぶということ— 女訓から考える軍記物語—」(『日本文学』2002年12月)、「「女子の悲哀に沈めるが如く」— 明治二十年代女子教育にみる戦略としての中世文学」(『少女少年のポリティクス』2009年、青弓社)、「〈銃後〉女性教育にみる古典— 昭和10年代、『建礼門院右京大夫集』はいかに読まれたか—」(『日本文学』2016年12月）など。

皇后になるということ　美子と 明治と 教育と

2019年12月18日　初版発行

定価はカバーに表示してあります。

©著　者　榊 原 千 鶴
発行者　吉 田 敬 弥
発行所　株式会社 **三 弥 井 書 店**
〒108-0073東京都港区三田3-2-39
電話03-3452-8069
振替00190-8-21125

ISBN978-4-8382-3357-1 C0021　整版・印刷　エーヴィスシステムズ